MUJERES QUE SE EXIGEN DEMASIADO

Júlia Martí

MUJERES
QUE
SE EXIGEN
DEMASIADO

Sal de la trampa
de la **autoexigencia**
y di adiós al *burnout*

Rocaeditorial ●

Primera edición: enero de 2025

© 2025, Júlia Martí
© 2025, Roca Editorial de Libros, S. L. U.
Travessera de Gràcia, 47-49. 08021 Barcelona

Roca Editorial de Libros, S. L. U., es una compañía de Penguin Random House Grupo Editorial que apoya la protección de la propiedad intelectual. La propiedad intelectual estimula la creatividad, defiende la diversidad en el ámbito de las ideas y el conocimiento, promueve la libre expresión y favorece una cultura viva. Gracias por comprar una edición autorizada de este libro y por respetar las leyes de propiedad intelectual al no reproducir ni distribuir ninguna parte de esta obra por ningún medio sin permiso. Al hacerlo está respaldando a los autores y permitiendo que PRHGE continúe publicando libros para todos los lectores. De conformidad con lo dispuesto en el artículo 67.3 del Real Decreto Ley 24/2021, de 2 de noviembre, PRHGE se reserva expresamente los derechos de reproducción y de uso de esta obra y de todos sus elementos mediante medios de lectura mecánica y otros medios adecuados a tal fin. Diríjase a CEDRO (Centro Español de Derechos Reprográficos, http://www.cedro.org) si necesita reproducir algún fragmento de esta obra.

Printed in Spain – Impreso en España

ISBN: 978-84-10096-96-7
Depósito legal: B-19308-2024

Compuesto en Grafime, S. L.

Impreso en Rotoprint by Domingo, S. L.
Castellar del Vallès (Barcelona)

RE 96967

A todas las personas autoexigentes que ya son suficiente y todavía no lo saben.
A mis hijos, Aritz y Amaia.
A mi amiga Alba.

ÍNDICE

Introducción   13

1. TE PRESENTO A MI AMIGA, LA AUTOEXIGENCIA   17
   ¿Qué es la autoexigencia?   21
   ¿Soy autoexigente?   23
   ¿Qué hago si soy demasiado autoexigente?   28
   ¿Podré llegar a dominar mi autoexigencia?   30

2. LA AUTOEXIGENCIA EN LAS DIFERENTES ÁREAS DE MI VIDA   33
   La autoexigencia en la relación de pareja   36
   La autoexigencia y la relación con tu cuerpo   44
   La autoexigencia y la relación con el trabajo   58
   La autoexigencia y las relaciones de amistad   78
   La autoexigencia y la familia   88
   La autoexigencia y la maternidad   97
   La autoexigencia conmigo misma   109

ÍNDICE

3. LOS AMIGOS DE LA AUTOEXIGENCIA   133

El perfeccionismo   136

El control   154

4. LAS EMOCIONES DE LA AUTOEXIGENCIA   159

¿Cómo tenemos la autoestima las personas

autoexigentes?   175

Las ideas de suicidio y la autoexigencia   183

5. EL EGO   187

No quiero tener ego   190

Las personas autoexigentes tenemos un gran

ego   191

6. ¿DE DÓNDE VIENE TANTA AUTOEXIGENCIA?   197

Entornos que potencian la autoexigencia   201

¿Qué hago si siento rabia hacia mis padres?   211

Pon el foco en lo que sí   214

Las heridas emocionales no solo tienen

el nombre de mamá y papá   217

Los beneficios secundarios de ser

autoexigente   219

7. POR QUÉ LA AUTOEXIGENCIA ES IMPORTANTE   227

Convierte la autoexigencia en una virtud   231

ÍNDICE

8. CÓMO CONSEGUIR UNA AUTOEXIGENCIA
EQUILIBRADA   237

    Cuando el cuerpo habla: el despertar
       del malestar físico   240

    El *mindfulness*   244

    Cuando tu mente no calla: el despertar
       del malestar mental   253

    Convierte tu montaña rusa emocional en un mar
       en calma   266

    Cuando siento un tsunami por dentro y se me
       mezcla todo   275

    El antídoto de una autoexigencia excesiva:
       el autocuidado   279

Conclusiones   293

Agradecimientos   297

INTRODUCCIÓN

Estoy sentada en el autobús, como cada día. Es hora de ir a buscar a mis hijos al cole. A menudo durante los treinta minutos de trayecto escucho música o leo. Pero hoy estoy nerviosa.

Llevo días con el bloqueo de la página en blanco. Quizá piensas que empezar así no es una muy buena opción, pero en realidad la introducción es lo último que he escrito. Todas las palabras de este libro han ido fluyendo a lo largo de estos meses. Sin prisa. Pero ahora que tengo que escribir el principio de esta historia me he quedado sin palabras.

Hay tanto de mí en este libro que para introducírtelo no sé por dónde empezar. Releyendo siento que ha cumplido mis expectativas autoexigentes y perfeccionistas, y para las que lo somos, sabemos que eso no siempre se consigue y no siempre es fácil.

Cuando hablo conmigo misma y soy sincera siento que lo que me bloquea para seguir escribiendo es la autoexigencia de hacer una introducción «a la altura», que resuma todos estos meses de intenso trabajo y que simplifique mi relación con la autoexigencia.

Y esa presión es la que no me deja avanzar.

Paradojas de la vida, por eso he escrito este libro. Probablemente esta no será la introducción más perfecta del mundo, tampoco necesito que lo sea. Pero lo que me estaba bloqueando y no dejaba amanecer mi creatividad era la presión por hacer «la mejor introducción».

En un mundo donde la constante búsqueda de la perfección se ha convertido en la norma, la autoexigencia se manifiesta como una sombra que nos sigue a cada paso. Esta tendencia, que puede parecer un impulso motivador, a menudo se convierte en un lastre que nos impide disfrutar de la vida y de nosotras mismas.

En nuestra sociedad actual, especialmente en la vida de muchas mujeres, la autoexigencia no solo se nutre de nuestras aspiraciones personales, sino también de expectativas externas que nos presionan a ser más, hacer más y lograr más. Nos enfrentamos a la constante comparación con ideales de éxito y belleza que parecen inalcanzables, y esto puede generar una espiral de insatisfacción y agotamiento emocional.

Las mujeres, en particular, solemos vernos atrapadas en un ciclo de autoexigencia que está enraizado en la historia de roles de género, donde se espera que seamos perfectas en todos los ámbitos: como profesionales, madres, parejas y amigas. Este libro nace de la necesidad de explorar cómo esta autoexigencia afecta nuestras vidas, nuestras relaciones y nuestra salud mental.

En las páginas que siguen, te invitaré a reflexionar sobre tu propia relación con la autoexigencia. Comenzaremos por definir qué es realmente, y a través de un test podrás descubrir si eres una persona autoexigente. Luego, analizaremos cómo la autoexigencia se manifiesta en diferentes áreas de la vida, desde la pareja hasta la maternidad, y cómo se alimenta de emociones como el enfado y la culpa. También exploraremos los orígenes de esta tendencia, identificando entornos y heridas emocionales que pueden contribuir a que te exijas más de lo que realmente necesitas.

Te proporcionaré herramientas y estrategias para encontrar un equilibrio saludable en tu autoexigencia, para que puedas vivir con autenticidad y sin la presión de cumplir con estándares imposibles. Mi objetivo es que al final de este recorrido te sientas más empoderada para abrazar tu vulnerabilidad, permitiéndote ser imperfecta y disfrutar de cada paso de tu viaje personal.

Así que, si alguna vez te has sentido atrapada en un ciclo de autoexigencia que te roba la alegría y la satisfacción, este libro es para ti. Juntas, desentrañaremos los matices de la autoexigencia y trabajaremos hacia una vida más plena y equilibrada.

Podemos hacer el recorrido juntas. ¿Me das la mano?

1

TE PRESENTO A MI AMIGA, **LA AUTOEXIGENCIA**

Cuando tenía veinte años empecé a salir de la adolescencia. Había vivido esa etapa de forma desenfrenada, quedaba con mucha gente diferente, hacía miles de planes y recuerdo que nada me asustaba. Tenía la sensación de que me estaba comiendo el mundo.

Cuando comencé la universidad todo se calmó y de repente ya no me sentía tan segura ni desmelenada. Todo me daba más vergüenza, tenía mucha más responsabilidad sobre mis hombros y a menudo me invadía el miedo. Miedo a no estar a la altura, miedo a fracasar y también miedo a no ser capaz. ¿De qué? De todo y de nada a la vez, ni yo misma lo sabía.

El paso a la vida adulta no me estaba sentando nada bien.

Me sentía mal conmigo misma y notaba que algo no iba bien en mí. Cada mañana cuando me levantaba me prometía a mí misma que ese día sería diferente y que por fin me quitaría esta ansiedad de encima. Pero no cambiaba NADA.

Me sentía pequeñita, me costaban las relaciones sociales y a menudo repasaba las conversaciones mentalmente. Nunca era lo suficientemente perfecta y me juzgaba por ello.

Años después, un día yendo a trabajar en patinete me sentí exhausta. Tenía un disco rayado en la cabeza que repetía las mismas frases una y otra vez: «Es que deberías..., es que siempre estás igual..., es que...». Cuando llegué al siguiente semáforo y se puso en rojo me saqué el casco y grité «¡BASTA!».

Tenía al enemigo en mi cabeza y ya estaba harta de vivir con él.

Un largo camino más tarde descubrí que el fantasma de mi cabeza se llamaba autoexigencia. Y me estaba haciendo la vida imposible.

Si estás leyendo este libro puede que tu camino empiece hoy aquí. O que ya lleves un largo trozo recorrido. De todas formas, mi intención es hacerte la andadura más corta, y es que no hay nada de malo en ser autoexigente, pero, como siempre, la clave está en encontrar el punto justo.

¿Qué es la autoexigencia?

La **autoexigencia**, como bien dice la palabra, es el grado en que una persona se exige a sí misma. Es decir, la medida en que nos forzamos a ser de una determinada forma, encajar en un estándar concreto o conseguir un objetivo.

La autoexigencia es una tendencia psicológica en la que una persona se impone estándares extremadamente altos de desempeño y comportamiento, a menudo más allá de lo razonable o saludable. Suele estar acompañada por una fuerte necesidad de aprobación externa, miedo al fracaso y una autocrítica severa cuando no se cumplen las expectativas autoimpuestas. Aunque puede impulsar el crecimiento personal y la excelencia, también acostumbra a generar estrés, ansiedad, y afectar negativamente la autoestima y el bienestar emocional.

Dicho de otra forma, es cuando nos ponemos la vara tan alta que parece imposible alcanzarla, y aun así nos empujamos a llegar. Es esa vocecita interior que siempre nos pide más, que nunca está satisfecha y que no nos deja descansar ni celebrar los logros. Aunque puede motivarnos a ser mejores, también nos lleva a ser superduras con nosotras mismas, a sentir que no es suficiente lo que hacemos, y eso nos genera toneladas de estrés y malestar.

Muy a menudo, las personas autoexigentes son organizadas, trabajadoras y ordenadas. Muy disciplinadas y perseverantes. Suelen ser muy correctas, formales y respetan a las figuras de autoridad. Les cuesta fluir y no llevan bien los cambios, y en este sentido son más bien rígidas.

Además, tienden a ser personas muy racionales y ejercen un alto autocontrol sobre sus emociones, es decir: les cuesta permitirse sentir sus emociones y por ello tienden a somatizar, en forma de problemas físicos (dolor de barriga, problemas en la piel, tensión muscular, etc.) y problemas psicológicos (pensamientos negativos, bucles mentales y rigidez).

Sin embargo, **no existe un único perfil de persona autoexigente.** Hay quienes son muy autoexigentes en su trabajo, es decir, que son muy disciplinadas, planificadoras y perfeccionistas en su ambiente laboral, pero después, en casa, sucumben al desorden. Otras, en cambio, son más bien exigentes en su relación de pareja, pero quizá más flexibles en sus relaciones laborales.

La clave es encontrar cuáles son las características en las que te sientes identificada y cuáles te hacen sufrir.

Esas precisamente son las que te recomiendo trabajar.

Ser **autoexigente de por sí no es ni bueno ni malo.** Existe la falsa creencia de que la autoexigencia es mala y el trabajo consiste en ir al otro extremo, no ser autoexigente. Sin embargo, gracias a la autoexigencia hemos logrado muchos de nuestros objetivos, hacer deporte, conseguir un trabajo, acabar nuestros estudios...

Así que el reto está en **encontrar el equilibrio,** el punto justo de autoexigencia que nos ayude a conseguir nuestros propósitos sin descuidarnos.

El problema viene cuando llevamos la autoexigencia al extremo y empezamos a padecer de estrés, ansiedad, depresión y muchos otros problemas de salud mental. Cuando eso ocurre es porque ha aparecido la **autoexigencia desmedida**.

La **autoexigencia desmedida** puede tomar muchas formas y afectar a diversas áreas de nuestra vida. Desde la relación con nuestro cuerpo —cuando por ejemplo me exijo estar delgada y utilizo métodos poco respetuosos conmigo misma, como pasar demasiadas horas sin comer, o hacer deporte hasta quedar exhausta— hasta nuestras relaciones, ya sean familiares, de pareja, de trabajo o incluso la relación que tenemos con nosotras mismas, en la que más adelante indagaremos en profundidad.

Pero ahora hablemos de lo más importante: ¿cómo sé si soy autoexigente?

¿Soy autoexigente?

Todas las personas somos autoexigentes en mayor o menor medida. Nos hemos de imaginar la autoexigencia como si fuera una **escala de grises** donde en un extremo están las personas que son muy poco autoexigentes y en el otro las personas que lo son extremadamente.

Pero ¿cómo sé dónde me ubico?

Test de nivel de autoexigencia

Para poder ayudarte he creado un test que te facilitará conocer cuál es tu nivel de autoexigencia.

Cuando logro un objetivo, al instante me propongo uno nuevo.

A. La mayoría de las veces. ☐

B. Algunas veces. ☐

C. Casi nunca. ☐

Me considero una persona rígida, me cuesta fluir.

A. La mayoría de las veces. ☐

B. Algunas veces. ☐

C. Casi nunca. ☐

En mi fuero interno creo que descansar es perder el tiempo.

A. La mayoría de las veces. ☐

B. Algunas veces. ☐

C. Casi nunca. ☐

No tolero cometer errores.

A. La mayoría de las veces. ☐

B. Algunas veces. ☐

C. Casi nunca. ☐

Mi diálogo interno suele ser crítico. Me digo cosas como: «No te esfuerzas lo suficiente».

- A. La mayoría de las veces. ☐
- B. Algunas veces. ☐
- C. Casi nunca. ☐

Me siento a menudo culpable.

- A. La mayoría de las veces. ☐
- B. Algunas veces. ☐
- C. Casi nunca. ☐

Me cuesta delegar.

- A. La mayoría de las veces. ☐
- B. Algunas veces. ☐
- C. Casi nunca. ☐

No llevo bien la incertidumbre, necesito tenerlo todo controlado para estar tranquila.

- A. La mayoría de las veces. ☐
- B. Algunas veces. ☐
- C. Casi nunca. ☐

Me considero una persona perfeccionista.

- A. La mayoría de las veces. ☐
- B. Algunas veces. ☐
- C. Casi nunca. ☐

Estoy tan estresada que no duermo bien.

A. La mayoría de las veces.

B. Algunas veces.

C. Casi nunca.

A= 2 puntos

B= 1 punto

C= 0 puntos

De 0 a 6: Autoexigencia baja

Sueles procrastinar las tareas que debes hacer y te cuesta organizarte para poder cumplir los objetivos que te has propuesto. Te cuesta conseguir lo que quieres, muchas veces porque ni siquiera tienes claro cuál es el foco en el que debes invertir tu energía. Llevas con el mismo objetivo mucho tiempo y te cuesta dividirlo en miniobjetivos que te ayuden a alcanzarlo. Tu diálogo interno puede ser o demasiado compasivo contigo misma o tan crítico que te bloquee a la hora de empezar a hacer las tareas. Sin duda la autoexigencia es un tema que debes trabajar.

De 7 a 13: Autoexigencia moderada

Sabes encontrar el equilibrio entre exigirte a ti misma para conseguir lo que deseas y a la vez sabes cuándo debes parar y descansar. Cuando consigues un objetivo te detienes a valorar todo el esfuerzo que te ha costado conseguirlo y te tomas tu tiempo para reflexionar sobre qué es lo siguiente que te gustaría conseguir. Es probable que tengas un diálogo interno amable contigo misma en la mayor parte de las situaciones y sabes ser compasiva cuando esto no es así. Sin duda haces un buen uso de la autoexigencia.

De 14 a 20: **Autoexigencia alta**
Eres una persona que se exige mucho a sí misma, tanto que a veces te olvidas de cuidarte y descansar. Sueles proponerte nuevos objetivos cuando ni siquiera te ha dado tiempo a valorar tus logros conseguidos, a los que casi no das importancia. Es probable que tengas un diálogo interno crítico contigo y como consecuencia sientas malestar y estrés a menudo. Sin duda la autoexigencia es un tema que debes trabajar.

¿Qué te ha parecido? ¿Te sientes identificada con tu nivel de autoexigencia?

Te habrás fijado en que la autoexigencia no es cuestión de todo o nada, no es en sí misma buena ni mala. Una de las cosas que trabajamos en terapia es dejar de analizar el mundo en términos dicotómicos (todo-nada, blanco-negro) y empezar a hablar en **términos de escala de grises.** Es decir, el objetivo es darme cuenta de cuándo la autoexigencia me ayuda y cuándo me entorpece y hace sentir mal.

Ahora bien, con conocer tu nivel de autoexigencia no es suficiente. Parece paradójico que siga exigiéndote cosas para tratar de equilibrarla, ¿verdad?

¿Qué hago si soy demasiado autoexigente?

El día que empecé a indagar sobre la autoexigencia, me vi muy reflejada en la definición. Vivía atormentada intentando encontrar una salida en medio de un laberinto sin mapa. Poco a poco fui uniendo las piezas y me di cuenta de que:

- Me costaba dar valor a los objetivos que me había marcado y había conseguido. **No me felicitaba por mis logros.**
- Cuando cumplía un objetivo, me proponía otro al instante. Sin duda, **nada era nunca suficiente.**
- Tendía a ser una persona rígida: por ejemplo, me costaba tener en cuenta mis emociones o mi estado de ánimo. **No descansaba, aunque estuviese agotada.**
- Me costaba dedicar tiempo al autocuidado. **Pensaba que descansar era perder el tiempo.**
- Y la joya de la corona: **era absolutamente crítica conmigo misma.** Tenía una voz interna que me castigaba y me presionaba. Por ejemplo, me decía cosas como: «No te esfuerzas lo suficiente», «deberías espabilar», «así nunca lo conseguirás».

Si te fijas, todo esto tiene algo en común: me hacía sentir terriblemente mal. Es probable que, como yo, te encuentres agotada, cansada y con la sensación de que nada de lo que haces es suficiente. Y como consecuencia te sientes estresada, con ansiedad o incluso deprimida y exhausta.

Todo esto que sientes es normal.

A veces no es fácil darse cuenta de que es una misma la que se pone las cosas difíciles. Es común entonces que aparezca un gran sentimiento de **culpabilidad**. Más adelante lo abordaremos.

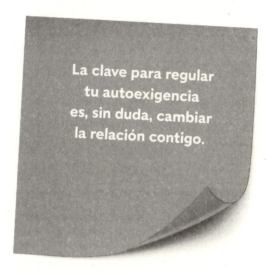

La clave para regular tu autoexigencia es, sin duda, cambiar la relación contigo.

No se trata de hacer grandes modificaciones. A veces basta con hacer mínimos cambios que, juntos, suponen una gran diferencia, tal y como nos lo explica el best seller *Hábitos atómicos*.

Llegados a este punto puede que tu pregunta sea: ¿y cómo cambio la relación conmigo? Como intuirás, eso no es fácil de responder, pero sí puedo decirte que estás leyendo el libro adecuado. Quédate y te daré estrategias para gestionar tu autoexigencia y vivir una vida más ligera y en paz.

¿Podré llegar a dominar mi autoexigencia?

Al haberme especializado en psicología de la autoexigencia son muchas las personas que vienen a mí con un nivel de autoexigencia tan alto que les bloquea e impide avanzar en su propósito de vida y disfrutarlo al mismo tiempo.

Llegar a cultivar una autoexigencia más flexible es posible. Lo sé porque lo he vivido en primera persona y además lo he presenciado en los cientos de pacientes a los que hemos ayudado mi equipo y yo.

El objetivo de trabajar la autoexigencia es el de convertirse en una persona que sepa valorar los objetivos que ha conseguido y que haya aprendido a saborear los logros. Empezarás a ser más flexible y sabrás adaptar tus exigencias a las situaciones. Por ejemplo, decidir no ir al gimnasio el día que estás abatida.

¿Y qué apariencia tiene esto? Por ejemplo, la de una persona que sabe valorar que su recorrido en el gimnasio es satisfactorio, y que si un día está abatida y no puede con su alma, quizá sea mejor quedarse en casa y descansar, en lugar de hacer oídos sordos a su cuerpo y exigirse ir por culpa de una disciplina malentendida.

Entenderás que el autocuidado, es decir, la capacidad de cuidarte a ti misma, es vital para poder funcionar, y que necesitas estar en un nivel óptimo de energía para conseguir tus objetivos. Y que evidentemente descansar no es ninguna pérdida de tiempo.

Y aprenderás a ser amable contigo misma, alentar esa voz interna que está a tu lado y te anima: «Venga, un poquito más», «tú puedes», «lo estás haciendo bien».

Es probable que, si te has sentido identificada, estés deseando saber cómo puedes empezar a sentirte mejor. Como hacemos en terapia, el primer paso es **tomar consciencia**: es importante que localices el área de tu vida en que se expresa más tu autoexigencia, porque así podrás hacer ejercicios concretos que te ayuden a exigirte menos y cuidarte más.

¿Preparada para sumergirte en las diferentes áreas de tu vida?

2

LA AUTOEXIGENCIA EN LAS DIFERENTES ÁREAS **DE MI VIDA**

La autoexigencia desmedida se cuela por múltiples áreas de nuestra vida. Puede estar muy presente en nuestro trabajo, pero no tanto en nuestra faceta personal. O al revés. Del mismo modo, es común que nuestra autoexigencia se proyecte en los demás y, como consecuencia, también seamos exigentes con las personas que nos rodean.

En este apartado te voy a contar qué forma toma la exigencia contigo misma y con los demás en las distintas parcelas de tu vida.

La autoexigencia en la relación de pareja

Cuando conocí a mi pareja yo tenía dieciocho años. Recuerdo que al principio todo fue maravilloso. En esa época no existía el WhatsApp ni las redes sociales y solo podíamos escribirnos e-mails. Era una relación romántica donde celebrábamos cada día juntos. Pero, con el paso de los meses, la cosa se empezó a estropear. En realidad éramos muy distintos.

En ese momento yo creía que había encontrado a mi «media naranja», pero nuestros gajos cada vez encajaban menos. Yo tenía una idea del amor romántica e idealizada, e intentaba amoldar la relación a mi gran mochila de expectativas. Me imaginaba un hombre profundo, emocional, con mis mismos hobbies y gustos, algo así como «mi alma gemela». Un hombre perfecto.

En mi cabeza adolescente pensaba que el amor era anteponer al otro por encima de las necesidades de uno mismo. Pero me encontré con un hombre que se conocía muy bien, era muy seguro de sí mismo y sabía perfectamente qué aficiones le gustaban y cuáles no. No era fácil llevarlo por mis derroteros.

Por aquel entonces yo era una mujer celosa y posesiva. Y a pesar de que ahora me da vergüenza reconocerlo, ponía el grito en el cielo cada vez que él intercambiaba aunque fuera una mirada con una chica. Él, que siempre fue un alma libre, nunca se dejó poseer y siempre me marcó muy bien los límites. No dejó de quedar con sus amigas por mucho que me enfadara o le demostrara mis celos.

Te puedes imaginar que esta relación me hacía sufrir. Y a menudo sentía que veníamos de planetas completamente diferentes y hablábamos en idiomas distintos. Mucho tiempo después entendí que en los primeros años yo no estaba enamorada de él. Estaba enamorada de la idealización de un hombre que nunca había existido. Tenía muchas expectativas sobre cómo «debería ser» nuestra relación y me decepcionaba ver que casi ninguna se cumplía. El enfado era una constante en la relación.

Tuve que hacer un gran trabajo para eliminar las expectativas de la ecuación y empezar a conocerlo de verdad. Y ahí descubrí un hombre imperfecto, con sus virtudes y sus defectos y aposté por amarlo como era sin querer cambiar ni un ápice de él. Ahí descubrí lo que es el amor incondicional. Y me di cuenta de cuántas veces le había exigido que fuera otra persona y de cuántas veces me había exigido a mí misma ser de una determinada manera por la esperanza de que algún día llegáramos a ser una naranja entera.

Ahora, quince años después, seguimos juntos. Nuestro amor ha madurado con nosotros y creo que la clave de haber podido construir esta relación sana es haber tenido las herramientas para gestionar nuestra exigencia hacia el otro y hacia nosotras mismas. Exigir, reprochar y juzgar menos, y comunicar, apreciar y amar más.

Durante una parte de mi carrera, me he dedicado a hacer terapia de pareja. Sin ninguna duda me parece una de las terapias más interesantes y complejas de realizar. El psicólogo tiene la función de escuchar a los dos miembros de la pareja y convertirse en el traductor que ayude a las dos partes a entenderse.

Una de las cosas de las que me daba cuenta es de que, a menudo, los problemas venían de la alta exigencia que existía entre las dos personas. Si hay algo que nos caracteriza a las parejas del siglo XXI es que ya no nos conformamos y eso hace que tengamos una larga lista de expectativas sobre la otra persona.

Por ejemplo, es común desear que la pareja sea una persona cariñosa, atenta y romántica. A la vez, que tenga claro su propósito de vida y sea ambiciosa en su trabajo. Que sea ordenada y limpia. Que sepa gestionar sus emociones y tenga una conversación interesante y fluida.

Queremos la persona perfecta. Y la perfección no existe.

En este punto la exigencia arruina muchas veces nuestras relaciones. Y lo hace en dos direcciones.

La proyección de la autoexigencia: cuando soy exigente con el otro

Uno de los grandes problemas en las relaciones de pareja es que no estamos enamorados verdaderamente de la persona que tenemos al lado. Por lo general, nos enamoramos de una versión idealizada.

Cuando conocemos a alguien, tenemos tendencia a proyectar todo lo que nos gustaría encontrar. Muchas veces nuestras ganas de tener pareja son tan grandes que preferimos empezar una relación con la expectativa de que cambie aquello que no nos gusta y así se pueda acomodar al molde que tenemos en mente sobre cómo debería ser esa persona.

Nos pasamos gran parte de la relación intentando cambiar al otro, exigiéndole que no haga las cosas así o que sea de una determinada manera.

Ponemos unas expectativas en el otro y nos frustramos a menudo porque estas casi nunca se cumplen.

Es probable que la exigencia acabe estropeando la relación. En ese momento, se vuelve importante tomar consciencia y empezar a conocer realmente a la persona que tienes al lado.

¿Quién es realmente tu pareja? ¿Cómo es su personalidad? ¿Cómo se mueve? ¿Qué cosas le gustan? ¿Te gusta la persona que tienes al lado tal cual es hoy sin cambiar ni un ápice? Evidentemente, es muy difícil que te guste absolutamente todo. Pero la clave está en darte cuenta de si quieres a tu pareja tal cual es, disfrutando de sus virtudes y aceptando sus defectos.

En ese momento habrás encontrado el amor verdadero. Aquel que exige menos y aprecia más a quien tiene al lado.

Pero entonces ¿me tengo que conformar y no puedo pedirle que cambie absolutamente nada? Pues tampoco es eso. Pero fíjate en la trampa de la exigencia en las relaciones de pareja.

Comienzo una relación y me doy cuenta de que mi pareja es tremendamente desordenada. Le empiezo a exigir que recoja sus calcetines o que ordene su despacho. Y eso no está mal. Pero luego, tampoco me gusta que sea poco detallista, y entonces le empiezo a exigir que me sorprenda y de vez en cuando me envíe flores. A la vez me doy cuenta de que es poco hablador. Y entonces le exijo que sea más comunicativo.

¿Te das cuenta? En el fondo le estás transmitiendo el mensaje de que «no me gusta como eres, quiero que seas de otra forma». Y es común que la parte inconsciente de tu pareja muestre resistencia a cambiar. Nadie quiere cambiar su esencia.

Si te sientes identificada es probable que hayas entrado en el bucle de la exigencia.

Reflexiona antes de exigir

Para poder ayudarte con este bucle de autoexigencia en la pareja, te voy a dar un ejercicio muy útil que realizamos en terapia.

Si tuvieras que decidir **qué tres valores necesitas que tenga tu pareja**, ¿cuáles elegirías? Por ejemplo, yo necesito una persona a mi lado que sea positiva, limpia y cariñosa. Es por eso por lo que he tenido muchas conversaciones con mi pareja y le he compartido cuán importante es para mí que se esfuerce en esos tres puntos.

Pero esta conversación no va a realizarse de cualquier manera. Es importante que yo misma reflexione antes acerca de cómo es para mí ser una persona positiva, limpia y cariñosa. Necesito concretar estos tres valores.

- En vez de decirle «Es que quiero que seas más positivo», le diré «Me gustaría que no hablaras siempre de forma negativa de tu trabajo».
- En vez de decirle «Es que quiero que esté todo más limpio», le diré «Me gustaría que te esforzaras en ordenar tu despacho antes de irte a dormir».
- En vez de decirle «Es que quiero que seas más cariñoso», le diré «Me gustaría que me dieras un beso cuando te despiertes».

¿Ves la diferencia? Es mucho más sencillo que tu pareja pueda darte lo que necesitas si se lo pides de la forma correcta.

Y me dirás: «Bueno, ¿y por qué solo le puedo hacer tres peticiones?». Lo malo que tiene la exigencia desmedida es que hace sentir muy presionada a la otra persona, y son tantas las cosas que siente que tiene que llevar a cabo para cumplir las expectativas que prefiere no hacer nada.

En mi experiencia, no es que el otro miembro de la pareja no cambie porque «no le da la gana», sino porque o bien no sabe por dónde empezar entre tanta exigencia o bien, aunque realice pequeños cambios, estos nunca son valorados y acaba rindiéndose ante la posibilidad de «nunca ser suficiente».

En resumen, observa cómo es tu pareja, tened conversaciones donde podáis compartir cada uno los valores más importantes que esperáis de la otra persona. Aterrizad estos valores en forma de peticiones muy concretas. Y, por último, soltad todo lo demás.

Si has decidido que tus tres valores más importantes en tu pareja sean ser positivo, limpio y cariñoso, suelta la necesidad de que trabaje otros aspectos de su personalidad: por ejemplo, que también sea más sociable y se arregle más.

Sin embargo, antes de ponernos manos a la obra con este proyecto de pareja, quizá merezca la pena preguntarnos de dónde viene tanta exigencia. A menudo, detrás de una persona muy exigente con los demás se encuentra alguien tremendamente exigente consigo mismo. Y ese comportamiento con quienes rodean a esa persona es lo que se llama **la proyección de la autoexigencia.**

Cuando soy muy autoexigente en mi relación de pareja

Algo muy habitual es que al principio de las relaciones seamos especialmente autoexigentes. Que nos exijamos a nosotras mismas ser de una determinada forma, ya sea física o personalmente, para agradar al otro.

Puede ser que me quiera mostrar de una manera, esforzarme mucho por ser perfecta, una persona agradable, comedida, risueña, decir siempre las palabras adecuadas y mostrar un físico «perfecto», por ejemplo, solo sentirme cómoda si voy maquillada o evitar ponerme determinada ropa por el miedo a no gustar a la otra persona.

Si la autoexigencia se te activa mucho en tu relación de pareja, es probable que sea señal de que no te sientes cómoda. Te resistes a mostrar cómo eres realmente porque tienes miedo a no gustar, a que se *desenamoren* de ti. No te sientes segura en tus vínculos y por eso te has construido una máscara que te hace sentir más protegida, pero que por otro lado te aleja de quien realmente eres.

La clave es trabajar en estar cómoda contigo misma y poco a poco ir mostrando la realidad de cómo eres.

De esta forma podrás conectar con personas que estén realmente interesadas en quién eres y no enamoradas de una persona que en realidad no existe.

Entiendo tu miedo. No queremos estar solas. Y a veces preferimos autoexigirnos adaptarnos a lo que la otra persona espera de nosotras que arriesgarnos a no ser aceptadas y sentirnos solas. Pero créeme que construir relaciones desde una identidad que no es la tuya te hará sentir mucho más sola y rechazada.

Sin duda existe una persona a quien enamorarás y fascinarás tal y como eres. Muéstrate y así te darás la oportunidad de atraer a estas personas y crear conexiones verdaderas que te permitan disfrutar y crecer.

La autoexigencia y la relación con tu cuerpo

Desde que era pequeña, he tenido un cuerpo bastante normativo. «He tenido la suerte» de que mi cuerpo haya pasado bastante desapercibido a ojos de la sociedad, pero hay una parte de mí que siempre me ha producido complejo y me ha hecho sentir terriblemente mal.

Cuando era adolescente, fui de las últimas chicas de mi círculo en desarrollarme. Cuando todas tenían ya la regla y un cuerpo de mujer, yo seguía siendo una niña. Esperaba con ansia el momento en que me crecieran los pechos, como les había ocurrido a las demás chicas de la clase. Pero pasaban los meses, e incluso después de que me llegara la regla apenas se habían desarrollado. La verdad es que en esa época tampoco me afectaba mucho porque tener poco pecho no me impedía relacionarme con normalidad.

LA AUTOEXIGENCIA EN LAS DIFERENTES ÁREAS DE MI VIDA

Como ya te he contado, en la adolescencia viví una época de abundancia y siempre tenía la sensación de que me comía el mundo. Pero una de las pocas cosas que me afectaban para mal eran los comentarios de mis compañeros, que no tardaron en llegar.

Pronto los niños se empezaron a reír de mí por tener «el pecho plano» y yo comencé a sentir vergüenza de esa parte de mi cuerpo. Me ponía una determinada ropa para disimularlo y me compraba sujetadores con relleno para sentirme «una más» del grupo.

Algunos niños me hacían bromas constantemente y en un momento muy vulnerable de mi crecimiento empecé a creer que tener el pecho plano no me permitiría ser «aceptada» ni suficiente para nuestra sociedad.

Fueron pasando los años y poco a poco fui perdiendo el complejo. Tener poco pecho no me hacía menos válida, ni peor profesional, ni me impedía siquiera ligar y disfrutar del sexo. Lo podía hacer absolutamente TODO con el pecho pequeño. Innumerables veces había pasado por mi mente someterme a una operación de cirugía estética, pero por fin el pensamiento se había esfumado.

Con veintiocho años fui madre por primera vez y al dar el pecho a mi hijo mis pechos crecieron. Disfruté mucho de esa época, fue el momento en que más cómoda me sentí. Tanto es así que me daba igual dar el pecho en público. Por fin estaba feliz con el tamaño de mis pechos. Pero dos destetes después, todo se deshinchó. Sí, literalmente. Y desde ese momento reconozco que estoy haciendo un proceso por aceptar mi cuerpo después de la maternidad.

Estoy reconciliándome con mis pechos. Y aunque sé que nunca serán exactamente como me habría gustado tenerlos, tampoco pretendo que así sea. Solo quiero aceptar que están ahí, darles las gracias por existir y por alimentar a mis dos hijos. Que no es poco.

A mi parte perfeccionista le encantaría contarte que he superado todos mis complejos y que me amo sin medida. Pero sería mentira. He aprendido a tolerar mis pechos y a desvincularme de todas las creencias que me hacían sufrir. No soy menos válida ni deseable por tener el físico que tengo. Mi cuerpo merece amor como todos. Y además... no me cabe duda de que tener el pecho pequeño es lo más cómodo del mundo.

Esto que hoy te cuento aquí es algo que no me gusta contar. Porque me hace sentir vulnerable y, como aprendemos en terapia, no es bueno exponer tu vulnerabilidad ante todo el mundo. Pero sé que hay muchas chicas que, como yo, tienen un complejo con su pecho y que no lo han compartido con absolutamente nadie. Y eso nos hace sentir muy solas.

A veces la autoexigencia te hace creer que tu felicidad depende de la forma de tu cuerpo. En mi caso eran los pechos; para muchas otras, una gran mayoría, abunda la creencia de que necesitan estar delgadas para recibir amor. Si la relación con tu cuerpo te limita, es hora de ver qué papel juega la autoexigencia en tu vida.

Uno de los motivos de consulta más comunes es el malestar que sentimos en la relación con nuestro cuerpo. Socialmente estamos expuestos a una alta presión por encajar en unos estándares corporales y a menudo la sociedad nos muestra reconocimiento cuando los conseguimos y rechazo cuando nos salimos de lo que se nos vende como «el cuerpo perfecto».

La relación con nuestro cuerpo nos condiciona. En algunos casos a pequeña escala: por ejemplo, cuando escogemos un tipo de bañador que nos ayude a ocultar las zonas que no nos gustan y resaltar las que sí. Pero en muchos otros nos afecta a gran escala, condicionándonos en las relaciones con los demás y en nuestra sexualidad. Por ejemplo, dejando de tener relaciones sexuales con luz o incluso evitando conocer personas nuevas.

La sobreexigencia en la relación con nuestro físico tiene lugar cuando estamos en lucha con nuestro cuerpo y, en consecuencia, constantemente hacemos cosas que pensamos que nos llevarán a conseguir lo que queremos (estar más delgadas, por ejemplo). Pero, además, en muchas ocasiones usamos métodos poco cuidadosos con nosotras mismas y lo hacemos desde un lugar irrespetuoso. Ese deseo tan voraz que nos lleva a comportamientos dañinos suele surgir de querer que los otros nos acepten.

Entonces ¿estoy diciendo que no sea bueno querer cambiar o mejorar partes de nosotros? Tampoco es eso: la clave, como siempre digo, está en encontrar el equilibrio.

Sé que estoy siendo demasiado autoexigente en la relación con mi cuerpo cuando frecuentemente le fuerzo a hacer determinadas cosas que no me gustan, ni me sientan bien para conseguir un determinado objetivo.

Por ejemplo, puede ser que no esté a gusto con mi barriga y me provoque un cierto rechazo. Para evitar sentirme mal conmigo misma, evito ir a la playa después de comer. Solo voy con mis amigos a primera hora de la mañana y evito desayunar para tener la sensación de que mi barriga es más plana. Durante la semana hago ejercicio exhaustivo. Infinitas tablas de abdominales que, aunque odio, tengo la creencia de que me llevarán al objetivo que me he propuesto. Después del ejercicio acabo agotada y me paso días sin poder moverme mucho, pero es el precio que tengo que pagar si quiero conseguir lo que quiero.

¿Te sientes identificada?

Plantéate si no es demasiado alto el precio que estás pagando por tener una barriga más plana. ¿Cómo te sientes? ¿Crees que lo que haces te cuida y te respeta? ¿Qué cambiará en tu vida el día que tengas menos barriga? ¿Te has planteado si, fuera de las redes sociales, es habitual tener la barriga plana todo el día?

Actualmente, gran parte de nuestra autoexigencia con el cuerpo tiene su origen en el contenido que consumimos en internet. Estamos constantemente expuestas a modelos e *influencers* con una corporalidad muy prototípica. Las redes sociales están llenas de filtros, ángulos de fotos que muestran las siluetas más perfectas y, por qué no decirlo, retoques en las fotos. Para mejorar la relación con nuestro cuerpo es imprescindible cambiar el modo en el que consumimos contenido y la forma en la que nos relacionamos con el físico de los demás. Te dejo aquí algunos *tips*:

- Empieza a seguir perfiles de redes sociales con múltiples corporalidades, tonos de piel, estilos de vestir…
- Presta atención a las personas reales que te rodean. Cuando vayas en el autobús fíjate en el cuerpo de las personas, en cómo es su piel. Verás que hay mucha más diversidad que en Instagram.
- Deja de juzgar el físico de los demás. Para aprender a ser amable con tu cuerpo primero debes dejar el juicio externo. Practica el ejercicio interno de nombrar aspectos de los demás, sin decir tu opinión sobre ellos. Por ejemplo, en vez de «qué pelo más horrible tiene esta chica», «esta chica tiene el pelo rizado».
- Fíjate en aquello que te gusta de ti y no le des tanto bombo a lo que no te gusta. En vez de «qué ojeras tan horribles», puedes decirte «hoy me gusta cómo me ha quedado el pelo».
- Y, por último, algo que seguro que has oído. No hagas comentario sobre el cuerpo de los demás, a no ser que sea algo que pueda ser cambiado en cinco segundos. «¿Puedo decirle a alguien que ha engordado?». Mejor no. «¿Puedo decirle a alguien que tiene algo entre los dientes?». ¡Claro! Así sí.

Si tu estado emocional depende del estado de tu cuerpo, si constantemente haces cosas que no te cuidan ni te respetan (no comer, no dormir, no descansar…), si a menudo te expones a imágenes de cuerpos poco reales (revistas, redes sociales) y eso te hace sentir mal…, la autoexigencia es un tema que debes trabajar.

¿Cambiar o aceptar?

Como decía en el apartado anterior, no siempre debemos conformarnos y simplemente «hemos de aceptar» cómo es nuestro cuerpo. Cuando tuve a mi segunda hija, me costó reconciliarme con mi cuerpo. De repente no me podía poner mis pantalones y tuve que renovar casi todo mi armario. Yo tenía una imagen mental sobre cómo era mi cuerpo, pero esta no se correspondía con lo que veía en el espejo. No me sentía cómoda.

Si la autoexigencia me hubiera dominado, me habría puesto a hacer ejercicio desde el minuto uno que di a luz. Habría controlado mi peso y mi alimentación. Pero yo ya tenía práctica en esto. Era cierto que no me sentía bien con mi cuerpo, pero tuve claras algunas cosas que me ayudaron y que te cuento a continuación.

El cuerpo necesita tiempo. A medida que cumplimos años, el cuerpo va cambiando. Hay épocas de nuestra vida durante las que nos sentimos más cómodos que en otras. Lo importante es no tener prisa y concederle a nuestro cuerpo el ritmo que necesita.

En pleno posparto entendí que esa era mi nueva corporalidad, me cuidé, me puse cremas, me compré ropa con la que sentirme cómoda y alimenté a mi cuerpo con cariño y respeto. De forma natural, mi cuerpo tardó un año en recuperarse. Es importante que te tomes con calma los cambios de tu cuerpo.

Revisar nuestra alimentación, sí; controlarla, no. Es importante revisar nuestra relación con la comida. Podemos dejarnos ayudar por profesionales si sentimos que nuestra dieta no es del todo equilibrada (no comemos un poco de todo) o si lo que comemos no nos sienta bien.

Si quisiera controlar mi alimentación, seguramente me guiaría por «consejos universales» como, por ejemplo, la necesidad de comer cinco piezas de fruta y verdura al día. Pero lo que es bueno para algunos puede no serlo para todos. Es importante que conectes con tu cuerpo y notes cuáles son los alimentos que te sientan mejor y te gustan más y a partir de ahí puedas reconciliarte con tu relación con la comida.

Todos sabemos la importancia de comer fruta y verdura, pero no es necesario que «te fuerces» a comer guisantes con aceite si eso no te gusta. Puedes experimentar qué tipo de verduras disfrutas y cómo quieres cocinarlas para que, en lugar de que la comida sea una herramienta para «conseguir el cuerpo que quieres», se vuelva el fin en sí mismo. Un momento de autocuidado que puedas disfrutar.

En la relación con la comida también podemos ver mucha autoexigencia. Prohibir ciertos alimentos, pesarlos, obligarnos a ingerir alimentos que ni nos gustan ni nos sientan bien repitiéndonos que «es sano» o «esto adelgaza».

Podemos flexibilizar esta relación dejándonos asesorar por profesionales a la vez que escuchamos a nuestro cuerpo.

Nadie se conoce mejor que tú.

Un libro nunca sabrá mejor que tú lo que te conviene, solo **tienes que conectar con tu cuerpo y escucharte.**

Y quizá estás pensando: «Ya, pero mi cuerpo me pide comer bollería constantemente». Es probable que no sea tu cuerpo el que te lo pide, sino tu mente. A menudo utilizamos estos alimentos para sanar nuestra hambre emocional.

El hambre emocional es la conducta que nos lleva a comer para calmar nuestras emociones. Cuando sentimos ansiedad o tristeza y no sabemos gestionarlo, lo único que queremos es que desaparezca y a veces para sentirnos mejor ingerimos comida que nos da un chute de energía momentáneo y produce la liberación de endorfinas que hacen que nos sintamos aparentemente mejor en un muy corto plazo de tiempo, pero que rápidamente nos pondrá más malhumorados, enfadados y ansiosos.

La clave para fomentar una relación equilibrada con nuestra alimentación es que no existan alimentos prohibidos, y puedas, de vez en cuando, comer aquello que te apetezca dentro de una alimentación equilibrada sin la necesidad de castigarte a ti misma ni sentirte culpable. Evidentemente, sé que no siempre todo es tan fácil como parece, pide ayuda si lo necesitas.

Reconcíliate con el ejercicio. Durante muchos años he estado intentando hacer distintos ejercicios con los que no me llevaba muy bien. Son incontables las veces que he probado a incorporar el running en mi vida. Pero nunca lo he conseguido. Sin duda tenía la fuerza de voluntad suficiente para empezar este deporte, pero con el tiempo me sentía muy desmotivada y lo acababa dejando.

Con el tiempo y el estudio de la autoexigencia lo entendí. No se trata de obligarte a hacer un deporte en concreto. Existen alrededor de ocho mil deportes en todo el mundo, así que decir que «no me gusta el deporte» sería muy atrevido por mi parte. El tema es que nos hemos centrado en algunos deportes y no nos hemos dado la oportunidad de encontrar el que realmente nos gusta y nos hace bien.

En este camino empecé a probar deportes diferentes: escalada, natación, fútbol, taekwondo, trekking, esquí, yoga…, y por fin di con el baile. De todos los deportes que he nombrado, algunos me gustaron más que otros. Pero el baile me fascinó. Entendí que para que una relación con el deporte sea sana este tiene que gustarte, aunque sea un poco, y sentir que a tu cuerpo le sienta bien. Y eso es el baile para mí. No necesito forzarme para ir a bailar, la mayoría de los días tengo ganas y es una actividad agradable en este momento de mi vida.

**No te adaptes tú al deporte,
que el deporte se adapte a ti.**

MUJERES QUE SE EXIGEN DEMASIADO

Como ves, de una forma respetuosa, yo tomé decisiones y me puse manos a la obra para volver a mi antigua corporalidad. En mi caso, la lactancia materna, la alimentación equilibrada y más adelante el deporte gustoso fueron los ingredientes que poco a poco hicieron que mi cuerpo regresara a su forma original.

Volviendo a la clave del asunto, entiendo que haya partes de ti que no te gustan y que te cueste aceptar. Por eso es importante hacerte varias preguntas.

- ¿Qué cosas tendría que hacer para cambiar aquellas partes de mí que no me gustan?
- ¿Es posible cambiar estas partes?
- ¿Es realista el cambio que me propongo? ¿Con quién me estoy comparando?
- ¿Y saludable?
- ¿Cuál es el motivo que me lleva a querer cambiar? (Por gustarme a mí misma, por gustar a los demás...).
- ¿Cuánto esfuerzo me requiere?
- ¿Todo este esfuerzo es a costa de mi propio autocuidado?
- ¿Este cambio es respetuoso conmigo misma?
- ¿Qué cambiará en mi vida cuando consiga aquello que quiero?
- ¿Es algo concreto? ¿O es posible que entre en el bucle de que nunca seré lo suficientemente perfecta para estar a gusto conmigo misma?

Responder a estas preguntas es importante para ver si lo que deseas cambiar de ti misma es algo concreto y puntual, o si más bien la que tienes con tu cuerpo es una relación de rechazo en la que cualquier cambio nunca será suficiente.

También es importante valorar si lo que quiero conseguir me cuida, es respetuoso y saludable para mí o más bien me daña. Por otro lado, es vital descubrir si estoy dispuesta a hacer el esfuerzo que requiere y si ese esfuerzo no va a perjudicar mi salud o mi vida social. Como ves, son muchas cosas que hay que tener en cuenta, pero tienen la finalidad de hacerte reflexionar y aprender a priorizar el autocuidado por encima de la insatisfacción corporal.

Cómo aceptar partes de nuestro cuerpo que no nos gustan

Hay personas que llevan años luchando para cambiar su cuerpo. Han hecho estrictas dietas y exhaustivo deporte. Incluso se han sometido a operaciones de cirugía estética. Pero, aun así, se sienten descontentas con su cuerpo porque nunca han conseguido llegar a sentirse bien con él.

No conozco a nadie que esté a gusto con el cien por cien de su cuerpo. Como he dicho en el apartado anterior, hay partes de nuestro cuerpo que nos disgustan más que otras y eso es normal. El problema viene cuando la relación con esas partes nos limita mucho la vida. Quizá no nos permitimos disfrutar de un día en la piscina o no nos presentamos a una cita por miedo a sentirnos rechazados.

A menudo se confunde la aceptación con hacer que estas partes que vemos como defectos nos gusten. Siguiendo con el ejemplo que he expuesto anteriormente, si tu barriga te acompleja, el objetivo no es que acabes consiguiendo que te encante. Basta con que no la rechaces y aceptes que esa barriga forma parte de tu cuerpo y que merece el mismo respeto y cariño que las demás partes.

Uno de los errores que cometemos es entender que la aceptación de nuestro cuerpo es un objetivo. La aceptación no es una meta, es un camino. Habrá días en que aceptarte te parezca más sencillo y otros días te parecerá misión imposible. Nuestro cuerpo siempre está en constante movimiento, así que es normal a días verse horrible y a días gustarte en el espejo. La clave es aprender a acompañarte sea cual sea tu nivel de aceptación. Cuando te veas bien, celébralo y ponte ese look tan atrevido; y cuando no te veas tan bien, cuídate y no te presiones.

Es cierto que el camino de la aceptación puede no ser sencillo. A veces se nos complica la andadura porque no es nuestra barriga lo que nos molesta, sino las creencias que afloran cuando pensamos en nuestra barriga. Por ejemplo:

- No le gustaré a nadie.
- No merezco amor.
- No soy suficiente.

Al final nuestro vientre solo es la cúspide de un iceberg que está sostenido por aspectos mucho más profundos y que sin duda son la diana del trabajo terapéutico.

Así que ¿cómo aceptar las partes de nuestro cuerpo que no nos gustan?

- **Pregúntate de dónde vienen las ideas** sobre cómo «debería» ser tu cuerpo y cuestiona tus expectativas.
- **Practica el agradecimiento.** En lugar de enfocarte en lo que no te gusta, concéntrate en lo que tu cuerpo hace por ti. Cambia la crítica por gratitud.
- **Compárate bien.** Si vas a compararte, ya que no hacerlo es imposible, que sea con la múltiple diversidad de cuerpos que existen. Te darás cuenta de que cada cuerpo es único.
- **Tu físico no determina tu valor.** El valor lo determinan tus cualidades y cómo eres como persona.
- **Permítete sentir.** No pasa nada por no amar cada parte de tu cuerpo todo el tiempo. Aceptar no significa que siempre te encantará todo, sino que puedes estar en paz con ello y dejar de castigarte.

No hace falta que te diga que puedes gustarle a alguien con tu barriga, que **todos merecemos amor independientemente de nuestra corporalidad y que eres digna y suficiente por el simple hecho de existir.** Pero, por si acaso, ya lo he dicho.

La autoexigencia y la relación con el trabajo

Cuando terminé la carrera de Psicología sufrí una gran crisis personal. Tenía la sensación de que no sabía absolutamente nada y me sentía cero preparada. Como estaba muy perdida decidí empezar a estudiar una oposición, de la que más adelante te contaré mi experiencia. Pero ya te avanzo que, después de cuatro largos años de estudio, ese no fue mi camino para llegar a vivir de mi pasión.

Cuando salí del mundo de las opos estaba derrotada. Me sentía muy pequeñita y me invadía un sentimiento de incapacidad. «Nunca seré suficiente para ser terapeuta», «nunca tendré las suficientes herramientas para acompañar a otras personas». Pensé que la solución a mis problemas era formarme más, pero dos másteres después me seguía sintiendo igual de bloqueada.

Con el tiempo, me di cuenta de que estaba siendo desproporcionadamente autoexigente. Me exigía ser la profesional perfecta, tener todas mis heridas sanadas y conocer todas las estrategias del mundo sobre psicoterapia. Pero eso era imposible.

Aun sin creer en mí, empecé a coger mis primeros casos. Me preparaba mucho cada sesión y supervisaba cada paso que daba. Cuando ya llevaba un mes lo entendí. Ya hacía tiempo que tenía todo el conocimiento necesario. Pero la exigencia me había jugado una mala pasada.

Todo lo que necesitaba ya estaba dentro de mí. Y lo que todavía no sabía... ¡lo podía aprender! En esa época cogí una confianza espectacular en mi trabajo. Los pacientes conseguían sus objetivos y me recomendaban a otros familiares y amigos. A las pocas semanas ya tenía la agenda llena.

Gestionar la exigencia conmigo misma fue la clave para lograr darme el espacio de dedicarme a lo que más me gusta en el mundo. Y es que, como dice Charuca, la creadora de papelterapia y una divulgadora a la que admiro...: «Si no te sientes capaz, capacítate».

No es cuestión de poder o no poder, o de ser o no capaz. Es cuestión de no quedarse en la teoría, empezar aun sin creer en ti y aceptar que te vas a equivocar. Tu desempeño laboral no dice nada de tu identidad, y si algo no te sale, pruebas de nuevo. Y si te faltan herramientas, las aprendes. Lo importante es que lo que hagas esté alineado con tu esencia. Y la psicoterapia es mi esencia pura.

En esta sociedad capitalista que premia la productividad por encima de todo, no es de extrañar que el trabajo sea una de las áreas donde la autoexigencia genere más problemas. Muchas personas tienen relaciones tóxicas con su trabajo, lo priorizan por encima de cualquier otra cosa, dedican excesivas horas y, en consecuencia, aparecen múltiples trastornos físicos y emocionales.

MUJERES QUE SE EXIGEN DEMASIADO

Es probable que estés siendo demasiado autoexigente en el trabajo si te obligas a rendir a un altísimo nivel, le dedicas más horas de las que están en tu contrato o haces tareas de más. O si eres muy disciplinada y nunca faltas al trabajo, aunque te encuentres mal. Es probable que el trabajo sea tu prioridad número uno y le dediques jornadas maratonianas.

Las claves para reconocer que existe sobreexigencia en el trabajo son dos:

- **El tiempo que le dedicas al trabajo está excesivamente desequilibrado** comparado con tu dedicación a las demás áreas de tu vida. Eso implica hacer eternas jornadas laborales y no respetar tu descanso, ni dedicar tiempo a socializar o hacer actividades para ti misma.
- **Sientes malestar tanto en tu mente como en tu cuerpo.** Este puede tomar muchas formas, desde migrañas, erupciones en la piel, trastornos gastrointestinales, hasta insomnio, estrés, ansiedad y depresión.

A menudo relacionas este malestar con otras cosas como el tiempo, la edad o que te ha sentado mal algo que has comido. Pero si estos síntomas persisten en el tiempo, es importante que valores qué aspectos de tu rutina diaria te están haciendo enfermar.

La trampa de la autoexigencia en el trabajo

El problema de la autoexigencia en el trabajo es que, aunque sabemos que «no es sano» trabajar tanto, lo seguimos haciendo. Cuando esto ocurre suele deberse a que existe un gran beneficio secundario.

El beneficio secundario de ser un «adicto» al trabajo es que culturalmente está muy valorado y reconocido. A nivel social relacionamos ser una persona de éxito a estar siempre ocupados y generando dinero. Relacionamos ser una persona autoexigente y perfeccionista con una virtud que hasta presentamos en las entrevistas de trabajo.

Es tal nuestra implicación en el trabajo que a menudo basamos nuestra autoestima en él. Esto significa que me valoro mucho a mí misma en la medida en que estoy ocupada, rindo mucho y soy muy productiva. Pero, en el momento en que no estoy trabajando o estoy descansando, no me siento bien y necesito volver a implicarme laboralmente para mantener mi autoestima a flote.

A terapia acuden muchas personas exhaustas de su relación con el trabajo, con altos índices de estrés y malestar, pero que, a pesar de sentirse mal, no son capaces de construir una relación más sana. En los últimos tiempos se está hablando mucho de aprender a detectar *red flags* (banderas rojas o aspectos tóxicos) en las relaciones de pareja y a mí me parece importante hablar también de las *red flags* en el trabajo.

Por ello, te marco algunas:

- Tu empresa premia a las **personas que se exceden de su jornada laboral** independientemente de cómo se desarrollen las actividades.
- En la empresa hay **mal ambiente**. Tu entorno laboral es tenso y se fomenta la competitividad entre los trabajadores.
- Se toleran las **faltas de respeto**. Tus superiores te hablan y tratan mal.
- Te sientes **mal remunerado**, además de que las **horas extra** son obligatorias y no están pagadas.
- **No te sientes cuidado** ni tenido en cuenta. A la empresa no le interesa tu bienestar físico ni emocional.
- Existe **manipulación emocional y chantaje**: «Con lo que la empresa ha hecho por ti», «con la oportunidad que te hemos dado...».

Lo más importante con relación a estas *red flags* es que tomes conciencia de ellas. A menudo no nos damos cuenta de cuán perjudiciales son algunos comportamientos porque estos han sido habituales «toda la vida», y todavía hay creencias muy antiguas que arrastramos respecto al trabajo, por ejemplo, que «en todos los trabajos se sufre», que «más vale malo conocido que bueno por conocer», que «en los trabajos hay que aguantar»...

Sin duda, estas creencias se han quedado caducadas y es nuestra responsabilidad dejar de aceptar, en la medida de lo posible, ciertos comportamientos injustos e irrespetuosos. No tengo ninguna duda de que es posible trabajar en empresas que cuidan a sus trabajadores a la vez que se preocupan por cumplir sus objetivos empresariales. Y es que ¿quién ha dicho que eso no es compatible?

Las consecuencias de trabajar en una empresa que establece relaciones tóxicas con sus trabajadores son muchas. Pero ahora te presentaré tres conceptos que es importante que conozcas. Si te sientes identificada al leer estas palabras, es probable que sea el momento de plantearte si estás en el lugar adecuado:

Síndrome de Estocolmo laboral. Ocurre cuando el trabajador, a pesar de sufrir maltrato en su puesto de trabajo, no se marcha ni intenta cambiar su situación. Este maltrato suele incluir faltas de respeto, uso del miedo o comportamientos abusivos, mayormente por parte de sus superiores. La persona maltratada, en lugar de denunciar o buscar una salida, justifica las acciones de sus agresores. Esto ocurre cuando el trabajador se ha identificado tanto con la empresa que termina aceptando esos malos comportamientos, mostrándose sumiso y siendo incapaz de valorar objetivamente los aspectos negativos del entorno laboral.

Este **síndrome va minando poco a poco la autoestima del trabajador,** que se mantiene ahí por el refuerzo intermitente que le ofrecen, y hace que pierda la confianza en sí mismo hasta el punto de verse incapaz de ser útil en otros entornos laborales.

El **refuerzo intermitente** es el mecanismo que utilizan las máquinas tragaperras para crear adicción en el jugador. Se trata de darte el premio de vez en cuando para que te quedes enganchado a la espera de recibirlo, pero la mayor parte del tiempo ese premio no llega y lo único que haces es perder dinero. Curiosamente, este mismo principio se aplica a la nueva adicción del siglo XXI: las redes sociales con *scroll* infinito. El diseño de estas plataformas nos mantiene constantemente deslizando en busca de la próxima «recompensa» en forma de contenido interesante, aunque la mayoría de las veces no la encontramos.

En el trabajo funciona de esta manera, a veces te refuerzan un comportamiento o trabajo que has llevado a cabo, pero la mayor parte del tiempo te menosprecian, señalan lo mal que lo haces y te hacen sentir que nunca estás a la altura de lo que se espera de ti. De esta forma, te mantienes enganchada, haciendo más horas, perfeccionando tu trabajo, esperando a recibir ese refuerzo. ¿Te suena?

Burnout. El *burnout*, o síndrome de estar quemado en el trabajo, es un tipo de estrés laboral crónico que tiene su origen en la falta de control sobre el trabajo. Suele observarse en las profesiones que conllevan una cierta implicación emocional, habitualmente en el ámbito de los servicios humanos. Este síndrome engloba tres componentes:

- **Baja realización personal:** crees que no haces bien tu trabajo y dudas de ti misma cuando atiendes a los clientes.
- **Cansancio emocional:** te sientes agotada emocionalmente por el desgaste que provoca la interacción cotidiana con otras personas.

- **Despersonalización:** estás irritable, o constantemente negativa e incluso a veces eres fría o impersonal con las personas con las que trabajas. Puedes llegar incluso a culpabilizarte de los problemas de tus clientes.

Si leyendo esto crees que sufres síndrome de Estocolmo laboral o *burnout*, te recomiendo que te pongas en manos de psicólogos que te puedan ayudar a salir de esta relación tóxica con el trabajo y así logres mejorar tu autoestima, encontrarte mejor y darte la oportunidad de empezar una nueva relación laboral más sana.

Síndrome del impostor. Después de hablar sobre el *burnout* y el síndrome de Estocolmo laboral, es fundamental abordar otra experiencia común en el ámbito profesional: el **síndrome del impostor.** Mientras que el *burnout* surge del agotamiento y la presión constante, el síndrome del impostor se relaciona con cómo percibimos nuestros logros en medio de esas presiones.

A menudo, las personas que experimentan una autoexigencia extrema no solo se sienten abrumadas, sino que también dudan de su valía profesional. A pesar de sus éxitos, pueden pensar que no merecen estar donde están o que sus logros son producto de la suerte más que de su propio esfuerzo. Esto crea un ciclo perjudicial donde, en lugar de disfrutar de sus triunfos, se sienten atrapadas en la inseguridad y el miedo a ser «descubiertas».

Por lo tanto, es esencial entender que el síndrome del impostor puede intensificarse en entornos laborales que fomentan la autoexigencia, y es importante reconocer estos patrones para poder abordarlos y encontrar un equilibrio más saludable.

¿Necesitas algunas estrategias para poder sobrellevar mejor tu relación con el trabajo? ¡Ahora te daré algunas!

La autoexigencia en los estudios y oposiciones

Cuando terminé la carrera me sentía todavía muy perdida a la hora de introducirme en el mundo laboral. Buscando diversas opciones en las que especializarme, decidí embarcarme en el estudio del PIR, que es un examen como el MIR de los médicos pero para los psicólogos. Conseguir sacar plaza en este examen era muy difícil, solo un 3 por ciento de los estudiantes llegaban a estar en los primeros puestos y tener la oportunidad de conseguir la especialidad de psicología clínica.

Para llegar a mi objetivo tenía que ser la mejor. Y entonces empezó mi aventura en el estudio para presentarme a este examen. Los primeros meses hice jornadas intensivas de entre ocho y diez horas de estudio, sin apenas descanso para comer o ir al baño. Me obsesioné. Mi único objetivo era conseguir esa plaza y para lograrlo dejé de quedar con mi pareja, mis familiares y mis amigos. A los pocos meses estaba realmente exhausta y la mayoría de los días me pasaba las horas calentando la silla porque no era capaz ni de leer dos líneas sin perder la atención. Estaba saturada.

Como te puedes imaginar, necesité altas dosis de autoexigencia para priorizar el estudio a cualquier otra cosa. Pero el alto nivel de estrés y ansiedad me empezó a pasar factura. Estaba nerviosa todo el tiempo, apenas tenía hambre y me sentía constantemente cansada. Necesitabas estar siempre con un libro en la mano, pero el resultado de mi primer año no fue nada bueno.

Estaba claro que esa no era la manera. Con el tiempo me di cuenta de que el descanso era vital para poder superar ese reto. El descanso era una asignatura más, y si no lo tenía en cuenta, nunca conseguiría mi plaza. De esta forma, me volví a presentar un segundo año en el que, aunque había regulado mucho mejor mi descanso y quedé más cerca, mi parte emocional me tumbó en el examen.

Me sabía muchísima de la teoría que entraba en ese examen, pero no tenía ni idea de cómo enfrentarme emocionalmente a un momento tan estresante. Un examen de cinco horas en las que te juegas como mínimo un año de estudio. Los nervios me ganaron la partida y pronto di ese examen por perdido.

El tercer año era el mío. Estudié, descansé y me cuidé emocionalmente. Me preparé y realmente funcionó. Saqué la plaza 123 de 4.200 personas. Pero desgraciadamente el punto de corte para obtener plaza era el 121. Me había quedado a dos plazas.

Me costó mucho recuperarme de ese golpe. Y decidí presentarme un último año. Pasara lo que pasara, esa era *mi última vez. Me tomé el año más tranquilamente, ya tenía el temario muy por la mano y solo era cuestión de esperar a que llegara el día y volver a probar suerte. Ese año fui la 252 y, aunque me volví a quedar muy cerca, tampoco lo logré.*

En ese momento, tal y como me había prometido, decidí dejarlo. Necesitaba recuperar mi vida, darme la oportunidad de trabajar de lo que me apasionaba, volver a tener vida social..., pero había un factor con el que no contaba. La oposición había dejado secuelas en mí y es que no es tan fácil despojarse como si nada de cuatro años de autoexigencia.

Me costó adaptarme a mi nueva vida y a menudo tenía la sensación de no estar haciendo lo suficiente. Había perdido parte de mi autoestima en ese proyecto y ahora me tocaba construirme de nuevo. Necesité muchísima autoexigencia para levantarme pronto durante incontables días y hacer una rutina de biblioteca, sin sueldo y sin ocio. Y sabía que ahora era el momento de equilibrar de una vez por todas esa autoexigencia en mi vida y por fin dedicarme tiempo a mí.

Muchas de las cosas que sé hoy en día sobre la autoexigencia son gracias a esa experiencia: es decir, que aquellos años tuvieron un impacto en mi vida aún mayor de lo que me esperaba. Tanto es así que hoy en día me dedico a acompañar a personas que necesitan trabajar en su autoexigencia.

Si en este momento estás opositando o conoces a alguien que lo esté haciendo, te dejo algunas cosas que aprendí en el camino que pueden ayudarte a sobrellevar mejor este momento de tu vida. Como verás, estos aprendizajes no solo sirven a los opositores. Son consejos de vida:

No pongas todos los huevos en la misma cesta. A menudo cuando empezamos a opositar nos olvidamos de todo lo demás. Apartamos a nuestra pareja, familia y amigos de nuestra vida y nos enfocamos únicamente en conseguir nuestro objetivo. Y no digo que eso no sea lógico o esté mal. Pero en la medida de lo posible, no te olvides de reservar una pequeña parcela de tu vida a cultivar tus relaciones personales. Hacerlo te ayudará a despejarte y no perderás el apoyo necesario para hacer frente a esta dura etapa. Si te aíslas, puede ser que conseguir tu plaza tenga un precio demasiado alto, y es que te arriesgas a quedarte solo y que no haya nadie con quien celebrar tu logro o llorar cuando no te salga bien.

Descansar es una asignatura más. Todos hemos creído en algún momento que descansar es algo accesorio. Puede ser incluso que haya personas que se desconecten de su cuerpo para poder seguir a toda máquina, aunque haya señales evidentes de cansancio y fatiga. La clave para conseguir un objetivo a largo plazo es organizarse bien en tres áreas: estudio, descanso y tiempo para ti. Probablemente «estudiarás menos», pero el rato que le dediques será más productivo.

No descuides tu parte emocional. Es posible que te sepas hasta la última coma de tu temario, pero a menudo eso no es suficiente. Es muy importante que te cuides emocionalmente, que si lo necesitas asistas a terapia para sobrellevar mejor este momento y te des un espacio donde poder soltar todas las emociones que llevas por dentro. Además, es vital que adquieras estrategias para aprender a regular tu sistema nervioso en momentos de alto estrés, como los simulacros o el día del examen. Cada uno debe encontrar lo que le funciona, pero por si no sabes por dónde empezar, te dejo algunas que me sirven a mí: aprender a respirar, meditar, mejorar mi *mindset* o mentalidad y buscar nuevas herramientas por si la ansiedad y los nervios se disparan.

El resultado del examen no habla de ti. Una de las cosas que veo a menudo es que las personas que deciden presentarse a una oposición acaban fusionándose con ella. Dedican tantas horas a conseguir su objetivo que terminan teniendo la sensación de que su autoestima depende del resultado que obtengan en dicha prueba. Esto hace que la presión del día del examen sea demasiado alta, porque una siente que no solo se juega su futuro laboral, sino también su valía como profesional. Así que llega un momento en el que creo que si no consigo sacar plaza es que no valgo para ejercer mi profesión y eso hace que el día clave no pueda controlar mis nervios.

Quiero decirte que un examen no determina tu valía. En la medida de lo posible, te animo a que desvincules tu autoestima de ese resultado, porque tu valor como persona va mucho más allá de un número en un examen. El camino que has escogido solo es una vía para llegar a trabajar de lo que te apasiona, pero créeme que no es la única.

La técnica de metodología e identidad

¿No sabes cómo separar autoestima y resultado? Conocer la técnica de metodología e identidad te puede ayudar.

Existen dos aspectos que deben ser diferenciados a la hora de valorar tus resultados:

Una es la **metodología**, es decir, qué método utilizas para conseguir tus objetivos. Si estás aprendiendo inglés, por ejemplo, el método sería la forma en la que lo estudias. Si te dedicas a estudiar gramática de los libros o aprendes inglés viendo películas sin subtítulos.

La **identidad**, en cambio, se refiere a tu personalidad, **aquellas cosas que definen cómo eres**. Por ejemplo, eres una persona implicada, responsable y capaz. Eres una persona valiosa por el simple hecho de existir.

Si no tienes bien separados estos compartimentos, puede que, cuando no consigas aprobar el examen de inglés, pienses que es porque no eres capaz de aprenderlo y nunca lo serás. Puede que creas que eres poco inteligente y que no vales para ello.

Estos pensamientos te llevan a bloquearte y a sentir **indefensión aprendida**, es decir, la sensación de que, hagas lo que hagas, aprender inglés no está en tus manos y nunca lo podrás lograr.

Pero la realidad es que **metodología e identidad son dos compartimentos separados**. Así, el día que suspendas el examen de inglés, indagarás en el motivo por el que ha fallado tu método e investigarás qué otros métodos existen para conseguirlo. Pero ya no te dirás a ti misma que eres una fracasada por no haber superado la prueba. En consecuencia, tu autoestima quedará (casi) intacta.

Pero no solo funciona en esa dirección. Cuando saques un diez en ese examen, tampoco creerás que eres mejor persona o que vales más por haber conseguido ese resultado. Simplemente significa que esa metodología ha funcionado.

Tu identidad nunca puede ser una metodología, porque entonces se vuelve frágil y maleable a los resultados que obtienes. Y todos sabemos que los resultados no siempre se consiguen a la primera ni dependen al cien por cien de nosotros.

Un mes después de dejar la oposición, encontré trabajo como directora y psicóloga en un centro de día de gente mayor. Y paralelamente empecé mi emprendimiento de psicoterapia. Poco a poco fui recuperando la confianza en mí misma y hoy en día tengo una empresa de psicoterapia online en la que lidero a un grupo de psicólogas expertas en autoexigencia.

Si yo hubiera creído que la oposición determinaba mi valor como profesional, me hubiera presentado una y otra vez al examen hasta que algún año fuera el mío. Pero, en mi caso, supe parar a tiempo, recuperar mis momentos de autocuidado, mis relaciones y encontrar otro camino para conseguir mi objetivo: dedicarme a la psicoterapia. Y lo mejor de todo: lo logré.

La autoexigencia en el emprendimiento

Como decía, nuestra relación con el trabajo suele llevarse el premio al área más autoexigente de nuestra vida, pero no quería cerrar este capítulo sin nombrar, si me permites la expresión, el bombón envenenado: la autoexigencia en el emprendimiento.

Después de la situación pandémica que vivimos a nivel mundial, toda la sociedad tuvo que adentrarse rápidamente en la era digital. Muchos encontraron la manera de expandir sus servicios sin límites y abrir una ventana al mundo. Otros vieron la oportunidad de dejar un trabajo por cuenta ajena que no les gustaba o era tóxico. Pensábamos que emprender era la forma de ser nuestros propios jefes y organizar nuestro tiempo a nuestra manera. Pero... para muchos se convirtió en una jaula de oro, y ahora te explicaré por qué.

Emprender implica una gran responsabilidad. A menudo las personas que emprendemos sentimos una fuerte presión y una inestabilidad que nos producen mucha ansiedad y estrés.

**El verdadero trabajo
es gestionar emocionalmente
el emprendimiento.**

Y eso no se hace nada sencillo cuando juntamos estos ingredientes:

- **No sé estar en modo** *off.* Tengo la necesidad de estar siempre haciendo cosas y siendo productiva. Me siento culpable si descanso y a menudo en mis ratos libres leo libros o escucho pódcasts sobre emprendimiento o sobre mi área profesional.
- **Soy muy crítica conmigo misma.** Siempre me estoy exigiendo más y me cuesta valorar los éxitos conseguidos; en lugar de hacerlo, centro mi atención en aquello que podría ir mejor.
- **Me comparo constantemente.** Tiendo a pensar que a los demás siempre les va mejor, o que yo nunca conseguiré llegar a donde ellos están. Idealizo otros emprendimientos sin conocer la realidad de quien los vive.
- **Dedico toda mi energía al emprendimiento y descuido otras áreas de mi vida.** Tiendo a poner «todos los huevos en la misma cesta» y el emprendimiento se convierte en mi motivo de vida.

- **Fusiono el emprendimiento con mi identidad.** Me tomo los baches en mi emprendimiento como un fracaso personal. Mi autoestima se vuelve frágil y depende de en qué fase se encuentre mi empresa.

Si sientes que tu relación con el emprendimiento cuenta con la mayoría de estos ingredientes, es probable que estés siendo demasiado autoexigente en esta área de tu vida. Y esto, aunque no lo parezca, es tremendamente peligroso.

Las consecuencias de no gestionar la autoexigencia en el emprendimiento son:

- **Altos niveles de estrés y ansiedad.** No encontrar espacios de desconexión de tu trabajo y estar constantemente en «modo producir» puede derivarte en altos niveles de estrés que, sostenidos en el tiempo, acabarán quemándote y haciéndote sufrir el síndrome de *burnout* que hemos explicado anteriormente. La falta de descanso hace que el cuerpo entre en un estado de alerta que se expresa mediante altos niveles de ansiedad y que puede producir desde síntomas somáticos, como tics en el ojo, brotes en la piel, dolores digestivos, etc., hasta síntomas emocionales como fatiga o ataques de ansiedad.
- **Altos niveles de culpa.** Ser excesivamente críticos con nosotras mismas hace que nos sintamos a menudo culpables. Tenemos la creencia de que, si no estamos donde nos gustaría, es porque no hacemos lo suficiente. Nos apoyamos

en la cultura del esfuerzo y nos dejamos llevar por la frase «Si quieres, puedes», que creemos a pies juntillas. Por lo tanto, concluimos que si no hemos alcanzado el nivel que ambicionamos es porque no estamos poniendo suficiente de nuestra parte.

- **Depresión.** La excesiva comparación y la idealización de otros emprendimientos nos lleva a sentir tristeza y tener la sensación de que nunca alcanzaremos el nivel de los demás. Si, además, dedicamos toda nuestra energía al emprendimiento, tendremos una sensación de fracaso, ya que al descuidar todo lo demás, difícilmente habrá otras áreas de nuestra vida que nos hagan sentir satisfechas. Y ahí está el peligro de que todo nuestro bienestar dependa de un solo apartado de nuestra vida.

- **Niveles bajos de autoestima.** Creer que el emprendimiento forma parte de nuestra identidad vuelve frágil nuestra autoestima. A menudo nos sentimos muy bien cuando nuestro negocio consigue alguna meta o llega al nivel que nosotras queremos, pensamos que somos mejores profesionales. Pero cuando sufrimos el algún bache en el proceso, podemos caer en creer que no valemos, o que no somos capaces. Esto convierte en muy inestable nuestra autoestima.

La clave para mantener a raya la autoexigencia en el emprendimiento es encontrar el equilibrio en el camino. ¡Apunta estos aprendizajes!

- **Aprende a descansar (de verdad).** Has de tener espacios de ocio que nada tengan que ver con tu profesión o tu negocio. Te darás cuenta de que, aunque no es el objetivo, si le das suficiente espacio al descanso, tu productividad aumentará. Te sentirás más descansada y creativa. Y aliviarás tu estrés y ansiedad.
- **Sé más amable contigo.** No olvides hablarte a ti misma con respeto y amabilidad. Estás haciendo lo que puedes y, además, seguramente no quieras convertir tu empresa en un lugar tóxico de trabajo. Por el contrario, sé la jefa que te gustaría tener, alentadora y comprensiva a la vez.
- **No caigas en el error de descuidar las demás áreas de tu vida.** Necesitas cultivar tu bienestar en las diversas parcelas de tu vida para que te sostengan si un día tu emprendimiento pasa por un mal momento. Tú eres mucho más que tu emprendimiento, no lo olvides.
- **Crea una autoestima fuerte.** La autoestima va mucho más allá de a qué te dediques o cuáles sean tus pertenencias. Se trata de lo que ERES. Invierte energía en conocerte, descúbrete en distintas facetas y no vincules gran parte del concepto que tienes de ti misma y cuánto te quieres a cómo te vaya en tu emprendimiento.

¿Recuerdas la técnica de metodología e identidad? ¡Este es un buen momento para aplicarla! Si te interesa este último tema, no te preocupes, en capítulos posteriores abordaremos cómo pasar de una autoestima frágil a una robusta.

La autoexigencia y las relaciones de amistad

Durante la década de mis veinte, me pasé varios años frustrada intentando tener una relación que se pareciera algo a la que tienen Jack y Rose en Titanic. Pronto me di cuenta de que las relaciones reales distan mucho del mito del amor romántico y de que estas expectativas no me permitían amar a quien tenía delante en realidad.

Algunos años más me costó entender que también estaba fomentando otro mito, el de la amistad romántica, que explicaré en este capítulo. Viendo series como Sexo en Nueva York o Gossip Girl me frustraba cuando no conseguía encontrar ese grupo de amigas idílico que todo se lo cuentan y que todo comparten.

A lo largo de la vida, todas podemos caer en amistades que no nos convienen. A mí me ha ocurrido: he entrado en relaciones que me han limitado, juzgado y manipulado. En las que he sentido que yo escuchaba y apoyaba, pero que sin embargo no se me daba mi espacio y no se daba importancia a lo que yo contaba. Me absorbían la energía y no me permitían ser yo misma.

Tenía la creencia de que las amistades no se rompen, que hay que querer al otro tal cual es y por eso hay que hacer un esfuerzo por perdonar. Pensaba que quizá no tenía las amistades que merecía porque no era suficiente buena amiga. Pero pronto descubrí que era mi concepto de la amistad el que estaba equivocado.

Tener una amistad libre y fluida es posible. Solo tienes que apartar aquello que no te aporta y te ancla a ser alguien que no eres.

Si hay un tema que nos remueve a las personas es las relaciones de amistad. A menudo sentimos malestar porque consideramos que tenemos «pocos amigos» o que los que tenemos no son como nos gustarían.

Idealizamos que las demás personas tienen muchos y muy buenos amigos y nos sentimos pequeñitos, llegando a pensar incluso que hay algo mal en nosotras, cuando lo que en realidad ocurre es que idealizamos las amistades de los demás y a menudo no es oro todo lo que reluce.

El mito de la amistad romántica

El concepto que tienes sobre la amistad no es casualidad. Tanto la forma en la que tus padres te han educado como el momento generacional en el que has nacido han tenido mucho que ver en tus creencias sobre lo que puedes esperar de tus amigos.

Todo el mundo conoce el término del *amor romántico*, aquel que se muestra en las películas de Disney y que se basa en que «el amor todo lo puede» o que el propósito de la vida es «encontrar tu media naranja». Pero a lo largo de mi trayectoria profesional he descubierto que también existe el mito de la amistad romántica.

Este mito entiende que las verdaderas amistades se forjan en la infancia y duran toda la vida. Son amistades que ocupan todas las áreas de tu vida, amigos que tanto se van de fiesta contigo como pueden escuchar tus problemas y aconsejarte. También existe la creencia de que los amigos se lo perdonan todo y por lo tanto la amistad «nunca se rompe».

En la pareja amorosa habitualmente están mucho más claros los límites: por ejemplo, en el caso de una relación monógama, los miembros de la pareja entienden que no pueden tener relaciones sexuales con otras personas. Pero fíjate que en las relaciones de amistad los límites están mucho más difusos.

¿Qué me hace sentir cómodo en esta relación de amistad? ¿Me importa que mis amigos compartan con otras personas cosas de mi vida? ¿O prefiero que se mantengan en secreto las conversaciones que tenemos? Parece muy obvio, pero créeme que muchos de los conflictos que se dan en las amistades vienen de no tener claros los límites de esta relación.

Estas creencias contribuyen a que nos sintamos insatisfechos con la amistad, porque lo que ocupa nuestra mente cuando pensamos en tener amigos muchas veces no se corresponde con nuestra vivencia. Y a menudo eso hace que nos sintamos solos e incomprendidos.

Si esto te ocurre, es posible que debas revisar las creencias y las expectativas que tienes en cuanto a la amistad.

Si sientes que tienes una amistad que...:		Quédate con quien...	
Te limita		Te escucha	
Te juzga	*Puedes decidir romper con ella*	Te comprende	
Te manipula		Es recíproco	*¡Así sí!*
No es recíproca		Te hace sentir bien	
Te hace sentir mal		Te aporta energía	
Te absorbe la energía			
NO PUEDES MOSTRARTE COMO TÚ MISMA		SIENTES QUE PUEDES SER TÚ MISMA	

La amistad del siglo XXI

La concepción de la amistad ha ido cambiando a lo largo del tiempo y esta nueva manera de pensar hace que las amistades sean mucho más flexibles y adaptables. Desde este prisma, se entiende que **una amistad puede acompañarte en algunas etapas de tu vida, pero no tiene por qué hacerlo en todas.**

Es común sentirte más cercano o alejado de un amigo, dependiendo del momento vital que estéis pasando los dos. Quizá en la escuela tenías un amigo del alma con quien pasabas largas horas y era un apoyo muy importante para ti, pero ahora de adulta ya no tengáis tanto en común y hayáis evolucionado hacia direcciones distintas. Y eso está bien. No tienes por qué sostener una amistad con la que ya no te sientes cómoda si no te hace sentir bien o crees que ya no te aporta.

Antes era muy común tener un único grupo de amigos, «los amigos de toda la vida», y muchas personas limitaban entablar amistad con personas nuevas, aun conectando mucho más o teniendo más cosas en común. Sin embargo, se trataba de una tendencia que nos limitaba mucho y hacía que nos perdiéramos muchas cosas: se pueden tener amigos diferentes para cada área de nuestra vida, con unos amigos salimos de fiesta y con otros compartimos la paternidad. Con unos compartimos los *hobbies*; con otros, la profesión.

Tener diversidad de amigos te permite nutrirte de personas diferentes y sentirte acompañado en múltiples facetas de tu vida.

Es normal que aparezcan nuevos amigos significativos con cada etapa.

Sin embargo, es importante recordar que en **la amistad, como en todo, hay cosas que tenemos derecho a no perdonar.** No por el simple hecho de ser amigos de la infancia significa que «todo vale». Una relación de amistad se ha vuelto tóxica cuando después de quedar con esa persona siento malestar emocional y sensaciones físicas incómodas. **Puede ser que exista dependencia emocional o que nos sintamos manipulados o juzgados.** Es entonces cuando hemos de plantearnos si vale la pena seguir invirtiendo energía en cultivar una amistad que no nos hace sentir bien.

**CUESTIONANDO LAS CREENCIAS
SOBRE LA AMISTAD**

Amistad tradicional	Amistad siglo XXI
Dura toda la vida.	Puede acompañarte en algunas tapas de tu vida.
Ocupa todas las áreas.	Tienes amigos diferentes para cada área.
Los amigos se lo perdonan todo.	Hay cosas que no se perdonan.
Tus verdaderas amistades son las de la infancia.	Aparecen nuevos amigos significativos con cada etapa.
Una amistad nunca se rompe. ↓ *Amistad romántica de las pelis*	Algunas amistades no son para siempre.

El instinto de pertenencia

A estas alturas te preguntarás qué tiene que ver el concepto de la amistad con la (auto)exigencia. Pues lee atentamente.

La exigencia en las relaciones de amistad funciona en dos direcciones. Por un lado, es común encontrar que **uno de los problemas es que exigimos demasiado a nuestros amigos**. A menudo queremos que sean los mejores confidentes, los más divertidos, risueños y disponibles, en resumen, los amigos perfectos. Tenemos los estándares de la amistad demasiado altos y, al no cumplirse, fácilmente nos decepcionamos. Por eso entramos en crisis habitualmente: porque no encontramos ningún amigo que cumpla con nuestra idealización de la amistad.

Como pasa con la pareja, **la clave está en conocer y no querer cambiar la personalidad de tus amigos.** A veces nos ocurre que nosotras somos personas muy detallistas y siempre nos acordamos de los días especiales, o tenemos un regalito en las fechas señaladas. Pero puede ser que tu amiga no sea nada detallista, y a menudo nos enfadamos porque pensamos que todas las personas son como nosotras, por lo que llegamos a la conclusión de que si esos detalles no son recíprocos es porque no le importamos a la otra persona. Pregúntate: ¿eso que le estoy exigiendo a esa persona forma parte de su manera de ser? ¿O le estoy pidiendo que sea alguien que no es?

Es importante ser realistas con las amistades y soltar la lucha de encontrar una amistad que cumpla con nuestro concepto ideal. La relación de amistad con tu amiga, tal y como es hoy, sin cambiar un ápice... ¿te compensa? ¿Te aporta? ¿Te nutre?

Céntrate en los tres valores más importantes e imprescindibles que para ti debe tener una amistad, tal y como hemos hecho también en el capítulo de autoexigencia y relaciones de pareja, y fluye con todo lo demás. La amistad perfecta no existe y si pones tus estándares demasiado altos es probable que, por un lado, nadie sea suficiente y, por otro, tus amigos se sientan mal por no poder «estar a la altura» y prefieran tener una amistad que les valore por quienes son.

La otra dirección de la exigencia en la amistad es **hacia nosotras mismas.** ¿Y por qué ocurre?

Los seres humanos no nos diferenciamos mucho de otros animales. Tenemos algo en común que se llama instinto de supervivencia. Este instinto es el que nos hace ir a buscar comida cuando tenemos hambre o correr cuando percibimos un peligro. **Entre todos los instintos más conocidos hay uno que a menudo se nos pasa por alto: el instinto de pertenencia.**

Las personas tenemos la necesidad de sentir que pertenecemos a un grupo. Eso es porque, con el paso de los siglos, las especies que mejor se han organizado son las que más han sobrevivido. Por lo tanto, tenemos señales programadas en nuestra mente que cuidan esta necesidad. Por este motivo nos sentimos deprimidos si nos aislamos o nos sentimos alegres cuando formamos parte de un grupo que nos reconoce.

Muchas de las personas que acompaño en terapia no entienden por qué les importa tanto lo que opinen los demás y por qué se sienten tan mal cuando alguna persona les da la espalda. El motivo está claro.

> **Imagínate que formas parte de una manada de lobos, ¿crees que tienes más posibilidades de sobrevivir dentro de la manada o como un lobo solitario?**

Ahí tienes la respuesta. El instinto de supervivencia hace que se genere malestar ante estas situaciones para evitar que nos aislemos del grupo y, como le pasaría al lobo solitario, tengamos más probabilidades de morir a manos de un depredador.

MUJERES QUE SE EXIGEN DEMASIADO

Aunque el instinto de pertenencia está activo en todo el mundo, no todos lo expresamos de la misma forma. La genética y el ambiente de cada persona es diferente y eso hace que haya personalidades de todos los colores. Hay tipos de personalidades más sensibles en las relaciones con los demás; por ejemplo, las personas más complacientes o quienes tienen más tendencia a ayudar.

Los que tenemos agudizado el instinto de pertenencia solemos ser más autoexigentes cuando nos relacionamos con nuestras amistades. Lo podemos ver porque somos personas que:

- Invertimos mucha energía en nuestras relaciones de amistad.
- Priorizamos estas relaciones por encima de cualquier otra relación.
- Solemos estar siempre disponibles para nuestras amistades.
- Solemos hacer planes, aunque no nos apetezca, para no perder la integración en el grupo.
- Nos cuesta mostrarnos como nosotras mismas por miedo a ser diferentes y sentirnos rechazadas.

Te voy a poner un ejemplo: imagínate que estás en el colegio. Cuando eras pequeña, te encantaba formar parte de un grupo de amigos a los que les gustaba jugar a la pelota a la hora del patio. Conforme habéis ido creciendo, cada vez jugabais menos a la pelota, y algunos de los amigos se han vuelto apasionados de las excursiones de montaña. Les encanta quedar para dar largas caminatas y frecuentemente se van de fin de semana a hacer escalada.

LA AUTOEXIGENCIA EN LAS DIFERENTES ÁREAS DE MI VIDA

Pero hay un problema: a ti no te gusta nada la montaña. Sin embargo, como tienes miedo de que tus amigos te dejen de lado, finges que te gustan los deportes en la naturaleza. Te apuntas a todas las excursiones y te esfuerzas por ser una más del grupo. Tus amigos están encantados, pero tú no te sientes cómoda porque sabes que, en el fondo, ya no te conocen y te genera mucho malestar ponerte una máscara cada vez que te relacionas con ellos.

Fíjate en que una persona con una autoexigencia elevada siempre se exige «dar lo mejor de sí misma», aunque eso implique hacer cosas que vayan en contra de sus valores. Es común que exista un alto grado de comparación y que no se permita mostrarse tal y como es por miedo al rechazo. Es probable que, si te sientes identificada con la protagonista de mi ejemplo, tengas la creencia de que si ya no encajas con tu grupo de amigas es que «no vales» o que pienses que, si decides mostrarte como verdaderamente eres, esas personas no te querrán y te rechazarán. Y, por lo tanto, te quedarás sola y aislada.

No voy a mentirte. No sé lo que pasará cuando le comuniques a tu grupo de amigos que, en realidad, no te gusta ir a la montaña y que solo te unirás a los planes que no impliquen excursiones por la naturaleza. Si has establecido una relación tóxica con este grupo, podría ser que te dejaran de lado por no acompañarlos en su actividad favorita. Pero préstame atención un momento. **¿De verdad quieres estar en un grupo de amigos que te quieren con condiciones y que no saben apreciar cómo eres realmente?**

Este es el dilema de ser fiel a ti misma, que explicaré más adelante en otro capítulo.

La autoexigencia y la familia

Durante un tiempo, estuve haciendo terapia familiar en un hospital muy conocido de Barcelona. Resultaba muy interesante, porque en cada sesión éramos dos terapeutas, y eso enriquecía mucho el proceso y nos ayudaba a ampliar la mirada. En todas las familias que vi, la exigencia era uno de los principales causantes de problemas.

Cada miembro de la familia tenía unas expectativas sobre lo que esta debía ser. «Yo quiero que mis hijos sean buenos estudiantes» o «Yo quiero que mis padres sean más cariñosos...». Constantemente la realidad desafiaba las expectativas, es decir, ni los hijos eran buenos estudiantes ni los padres eran más cariñosos. Entonces empezaba el conflicto en la familia, donde se daba una encrucijada de exigencias que nunca se cumplían y derivaban en enfados y decepciones constantes.

Lo que más me impactó fue la cantidad de hijos haciendo cosas que iban completamente en contra de sus deseos o valores solo por agradar a sus padres y sentirse «uno más» de la familia. Desde cómo vestirse a, incluso, ocultar su orientación sexual por miedo a ser rechazado.

Para poder adaptarse a estas expectativas muchos integrantes de la familia se habían vuelto muy autoexigentes en pos de poder esforzarse lo suficiente y estar a la altura de lo que la familia esperaba de ellos.

Pero alejarse de lo que uno es en esencia tiene sus

*consecuencias y era muy común ver cómo la persona más autoexigente también era la que más depresión o ansiedad presentaba. A esto le llamamos en psicología la **función del síntoma**. Es decir, que, algunas veces, el paciente que se deprime es el resultado de un funcionamiento familiar que es recomendable analizar.*

La familia es uno de los sistemas más importantes en nuestra sociedad. Es el ambiente donde aprendemos la mayor parte de los valores que fomentan el desarrollo y el progreso. Nos pasamos una gran parte de nuestra vida en familia, y esta nos influye mucho en la construcción de nuestra personalidad y nuestras creencias.

Para poder entender hasta qué punto la configuración familiar nos afecta, nos puede resultar muy útil atender a conceptos que provienen de la **psicología sistémica**. Esta rama de la psicología se encarga de estudiar las relaciones y la comunicación entre las personas y entiende qué parte de los conflictos internos son debidos a problemas en las relaciones o fallas en la comunicación.

Entendiendo a mi familia de origen

La psicología sistémica comprende que la familia de origen, que es el círculo familiar donde has nacido y te has criado, puede clasificarse según si los miembros de la familia están más alejados o más próximos emocionalmente. Así nos encontramos a dos tipos de familia:

Las familias aglutinadas. Si los integrantes de la familia se muestran muy cercanos y, a la vez, la relación con otras personas de fuera de su círculo, por ejemplo, con amigos, es más bien distante, nos encontramos ante una familia aglutinada.

Estas familias, en su forma más extrema, **tienen un exagerado sentido de pertenencia,** que hace que los miembros pierdan su esencia individual por sentirse aceptados a nivel grupal. Son comunes las frases como «entre nosotros no hay secretos», o «en mi familia todos somos iguales».

Normalmente cada persona tiene un papel, un rol determinado en una familia. Una persona es el padre, otra la madre, otro individuo es el hijo, etc. Pero, a menudo en este tipo de familia **existe confusión de roles.** Eso significa que nos podemos encontrar a hijos haciendo de «padres» o a padres haciendo de «hijos»; cuando esto ocurre, decimos que **se ha difuminado la jerarquía.** En estos casos es común encontrarnos a padres que explican abiertamente los problemas sentimentales a sus hijos en busca de consuelo.

En este tipo de funcionamiento **se premia la igualdad y a los integrantes les cuesta aceptar la autonomía y diferencia de sus miembros.** Tanto es así que el proceso de independizarse puede vivirse como una gran crisis en el seno de la familia y no está bien visto tener intimidad y una vida propia. No es poco común, por tanto, que los padres, llegado el momento, sientan un fuerte síndrome del nido vacío.

En las familias aglutinadas suelen darse dos fenómenos patológicos con los que quizá te sientas identificada:

- La **parentalización** se produce cuando la jerarquía entre padres e hijos se invierte de manera que es el hijo o hija la persona que se ocupa de las tareas que los cuidadores deberían asumir. Estas tareas pueden ir desde hacer labores del hogar que no son adecuadas para la edad del hijo hasta convertirse en el apoyo emocional de sus cuidadores.
- El **rechazo familiar** o el **síndrome de la oveja negra**. En las familias aglutinadas se premia la igualdad entre sus miembros. Tanto es así que es común que la familia hable en plural cuando se describa: «Nosotros somos deportistas» o «somos una familia de médicos». El problema aparece cuando hay alguien de la familia que quiere tomar su propio camino y empieza a diferenciarse, de repente aparece «el hijo que no quiere ser médico». Esto genera rechazo y en familias muy rígidas puede provocar, incluso, la expulsión de ese miembro.

Este estilo familiar **puede promover un apego más ansioso** en el que, aparentemente, los miembros son aceptados de forma incondicional, pero a la hora de la verdad ese amor es condicional y solo se da cuando se sigue la manera de pensar y se cumplen los valores familiares.

Las familias desligadas. En cambio, si los integrantes de la familia se muestran más bien lejanos y, a la vez, la relación con otras personas de fuera de su círculo está bien vista e incluso se promueve, entonces nos encontramos delante de una familia desligada.

En este caso es común ver como **la familia no está tan unida emocionalmente,** se comparten menos espacios comunes y cada uno tiene muy preservada su vida íntima, no lo saben todo de todos. Así no está mal visto tener secretos y este tipo de funcionamiento hace que **las amistades tomen mucha relevancia,** porque en el seno de esta familia está bien visto promover las relaciones fuera del sistema familiar y es común escuchar frases como «las amistades son la familia que escoges».

Los roles están muy bien definidos y nunca se traspasan las barreras jerárquicas. Por ejemplo, en su forma extrema, **los padres nunca harán públicas sus cuentas económicas en la familia ni se mostrarán vulnerables emocionalmente con sus hijos.** Esto también puede generar problemas, ya que, si hay un miembro de la familia con mayor necesidad de expresión emocional, se le tachará de exagerado o desubicado y puede traer consigo sentimientos de soledad e incomprensión.

Por otro lado, en este tipo de funcionamiento **se promueve la independencia de sus miembros** y es común independizarse cuando uno todavía es joven.

En las familias desligadas suelen darse dos fenómenos patológicos con los que quizá te sientas identificada:

- **Alta invalidación emocional.** En estas familias, **el lenguaje emocional está poco presente** y es común que exista un alto hermetismo que fuerza a sus miembros a buscar apoyo fuera del sistema, es decir, de la familia. Si la persona cuenta con una red de amistades fuerte, esto no tiene tantas consecuencias, pero cuando no es el caso, se pueden sufrir altas dosis de incomprensión y soledad que acaben afectando gravemente a la salud mental.
- **Negligencia parental.** En su forma más extrema existe una desvinculación emocional de los miembros de la familia que hace que los hijos carezcan de referentes para adquirir valores y crecer en una familia nutritiva. En estos casos, describimos a **padres o madres ausentes** que no se hacen cargo de la salud emocional de sus hijos y, como consecuencia, los hijos sufren un abandono emocional que puede derivar en un estilo de apego evitativo.

¿Crees que provienes de una familia más bien aglutinada o desligada? También puede ser que tu familia sea una mezcla de las dos o que muestre características de un tipo de familia, pero mucho más atenuadas que la forma extrema que he descrito.

Lo importante, además de esta clasificación, es determinar cuánto de adaptable es tu familia. Es decir, la capacidad que tiene de cambiar cuando surgen circunstancias adversas. Atendiendo a estas características podemos sentirnos identificados con una de estas tres familias:

- **Rígidas:** rechazan absolutamente el cambio y les resulta muy difícil adaptarse cuando las circunstancias del entorno cambian.
- **Caóticas:** son demasiado maleables y ante los cambios suelen dejarse influenciar en exceso y alterar sus dinámicas de forma extrema.
- **Flexibles:** aunque en un principio pueden mostrar resistencia ante las nuevas circunstancias, atraviesan un proceso de cambio y salen fortalecidas con cada movimiento.

Supongo que te habrás visto reflejada en alguna de las tres maneras de responder ante el cambio. Tener claro cómo funciona tu familia te puede ayudar a lograr una mejor relación entre sus miembros. Por ejemplo, si yo me quiero independizar y sé que provengo de una familia aglutinada, puedo tener en cuenta que este proceso será difícil y esforzarme en hacer de este cambio algo gradual y respetuoso. Sé que irme de casa de un día para otro sin avisar no será la mejor opción y que puede derivar en una crisis en mi familia. Y entonces, ¿qué tiene que ver cómo funciona mi familia con lo autoexigente que soy?

La autoexigencia en la familia

La autoexigencia en la familia toma diferentes formas dependiendo del tipo de familia a la que pertenezcas.

LA AUTOEXIGENCIA EN LAS DIFERENTES ÁREAS DE MI VIDA

Si tu familia es más bien aglutinada es posible que, en mayor o menor grado, tengas la sensación de deber esforzarte continuamente para encajar o complacer. Sabes que hay ciertas cosas inaceptables y las reprimes por miedo a ser criticada o juzgada. Te puede costar mostrarte cien por cien tú y hay partes de ti que solo muestras cuando estás fuera de casa.

Para encajar en la dinámica familiar, te exiges a ti misma ser de una determinada manera. Por ejemplo:

- **Quieres acabar tus estudios, a pesar de saber que no te gustan** en absoluto, porque sientes que si lo dejas tu familia se decepcionará.
- **Asistes a las comidas familiares, aunque te sientes siempre muy incómodo** porque sabes que no ir puede generar un conflicto en la familia.
- **Consultas con tu familia la mayor parte de las decisiones en tu vida** porque tienes miedo de que esta te juzgue o no te comprenda.
- **Finges seguir siendo de una determinada manera,** aunque ya hace tiempo que has cambiado, para no sentirte la oveja negra de tu familia.

Si tu familia es más bien desligada es posible que te autoexijas a ti misma aparentar que todo está bien. Puedes sentir la necesidad de fingir tu estado de ánimo cuando estés triste o con ansiedad, ya que estás acostumbrada a que en tu familia nunca se hable de emociones. Te cuesta mostrarte tú misma y siempre construyes una fachada para evitar que te vean vulnerable, ya que esto no está bien acogido ni bien visto en tu familia.

Delante de este tipo de familia tu autoexigencia se activa cuando te exiges a ti misma ser de una determinada manera para encajar, por ejemplo:

- **Tienes la sensación de llevar una doble vida,** te muestras de una forma con tu familia y de otra completamente diferente con tus amigos o pareja.
- **Tiendes a esconder información de tu vida personal,** te esfuerzas por que tu familia siempre tenga la misma imagen de ti.
- **Te esfuerzas por dejar tus sentimientos a un lado,** y cuando estás con tu familia tiendes a poner cara de póker.
- **Sabes que para tu familia es importante cuidar las apariencias** y haces ciertas cosas incluso cuando estas van en contra de tus propios valores y emociones.

Todas las cosas que haces que te requieren un esfuerzo necesitan de la autoexigencia para llevarse a cabo. Es cierto que, si quieres seguir relacionándote con tu familia, es normal que de vez en cuando tengas que acudir a alguna comida familiar o que les pidas apoyo cuando tienes que tomar una decisión importante.

Sin embargo, cuando la manera de funcionar de tu familia te está condicionando y te aleja de vivir la vida que quieres, necesitarás enormes dosis de autoexigencia para terminar una carrera que no te gusta o asistir religiosamente a todas las comidas de los domingos.

- ¿Te exiges a ti misma comportarte de una determinada forma con tu familia?
- ¿Reprimes partes de ti por miedo a no ser aceptada?
- ¿Sientes que tienes que esforzarte mucho por estar a la altura de lo que tu familia espera de ti?

Si has respondido «sí» a las tres preguntas, es probable que estés siendo muy autoexigente contigo para poder cumplir con todas estas expectativas. Llegados a este punto, lo mínimo que te puede ocurrir es que estés agotada y sin energía con lo que a tu familia se refiere y que sientas alivio cuando, por fin, disfrutes de un espacio con amigos o contigo misma.

Así que, si antepones las necesidades de tu familia a las tuyas propias, te esfuerzas por estar a la altura de lo que se espera de ti, prefieres esconder partes de ti por miedo a decepcionarlos... Sigue leyendo porque en los siguientes capítulos voy a ayudarte a equilibrar tu autoexigencia y a recuperar, por fin, tu energía.

La autoexigencia y la maternidad

Ya han pasado cinco años desde el nacimiento de mi primer hijo, y ahora siento que me hice la vida imposible. Siempre he sido una persona muy responsable, pero tener un hijo se convirtió, sin lugar a dudas, en el reto más exigente hasta el momento.

Podría contarte mil y una anécdotas de cómo me pasé de la raya con mi autoexigencia, pero hay una que destaca por encima de las demás.

La lactancia materna no había sido fácil. Como soy muy cabezota, después de cuatro meses, conseguí dar el pecho sin sufrir, pero estaba deseando que llegara el momento en que mi hijo empezara a probar alimentos nuevos. Me lo imaginaba devorando el brócoli y untándose las manos de aguacate gracias a este método tan nuevo que se llama BLW (Baby Led Weaning), que básicamente consiste en que los bebés empiecen a comer trozos desde el primer momento.

Spoiler: eso nunca sucedió.

Día tras día fui poniéndole trozos de alimentos según el calendario. Pero mi hijo no comía NADA. Probé todo lo que había leído, pero parecía ser de otro planeta. Caras de asco, arcadas y finalmente un llanto desesperado.

Semanas después estaba agotada. Me sentía tremendamente culpable porque no había conseguido cumplir esa expectativa que yo tenía en mi cabeza y no entendía qué estaba haciendo mal.

Cuando le trituré la verdura tampoco tuve mucho éxito. Hasta que un día, harta de la situación, le compré un potito de supermercado en una última esperanza de que mi hijo comiera. Y al parecer le encantaron.

LA AUTOEXIGENCIA EN LAS DIFERENTES ÁREAS DE MI VIDA

Durante un tiempo estuve en lucha conmigo misma. Quería a toda costa hacer BLW, pero a mi hijo no le iba bien. Es evidente que, además, ni él ni yo estábamos disfrutando de esta etapa. Pero atendiendo a sus necesidades y dándole lo que pedía, poco a poco y a su ritmo, mi hijo empezó a comer algunos trocitos. Solo necesitaba tiempo.

Durante el embarazo de mi segunda maternidad no leí absolutamente nada. Sabía que lo que necesitaba ya lo tenía dentro de mí. Es evidente que la experiencia también juega un papel importante. Pero, además, aprendí a escucharme a mí misma y a no obviar los consejos de personas con experiencia como mi madre. Por mucho que los libros la contradijeran, tenía razón en muchas cosas.

Cuando nació mi hija, yo me sentía mucho más flexible. No pensaba aplicar ningún método. Simplemente le ofrecería comida a trozos o triturada dependiendo de lo que me apeteciera a mí en ese momento, y también de la actitud que le observara frente a los alimentos.

Me permití disfrutar de esta etapa y, en esta ocasión, todo salió más fácil y ligero.

Mi maternidad empezó con mucha autoexigencia y culpa por no poder llegar a los estándares que la sociedad y yo misma me había impuesto. El gran desafío para mí fue aprender a gestionar mis expectativas y exigencias y revisar mis creencias sobre qué es ser una buena madre. Y entonces la culpa (casi) desapareció.

Como hemos ido viendo a lo largo de los distintos apartados, habitualmente no somos igual de exigentes con todo. Lo que sí que suele ocurrir es que lo somos en las cosas que más nos importan. Y si hay un hecho vital que cambia las prioridades en nuestra vida ese es el de la maternidad.

Cuando nos convertimos en madres, toda nuestra vida da un giro, y lo que antes nos parecía imprescindible quizá ya no lo es tanto. Y aquello que nos parecía banal de repente se convierte en algo central en nuestra vida. Por ejemplo:

Salir de fiesta se vuelve la última de nuestras prioridades; en cambio, ir al lavabo sola pasa a ser el reto más deseado.

La entrada en esta etapa de nuestras vidas normalmente marca un punto de inflexión. Quienes éramos hijas pasamos a ser madres, quienes eran madres pasan a ser abuelas. Los hermanos pasan a ser tíos. La familia se ve sometida a enormes cambios que pueden generar tensión. Todo el mundo tiene que recolocarse en un nuevo rol y ese no es siempre un trabajo fácil.

Además, todas estas personas nos observan en esta nueva faceta. En la que, por lo general, al principio nos sentimos tan inseguros. Y opinan, nos juzgan y nos dan consejos sin cesar. Es normal que, en este contexto, sintamos una gran presión para estar a la altura de este nuevo reto. Pero a veces la presión se nos va de las manos y la autoexigencia desmedida nos da la bienvenida a la maternidad.

El nacimiento de una nueva autoexigencia

La maternidad nunca ha sido tan exigente como ahora. Desde la aparición de internet abrimos la puerta a cantidades ingentes de información. La democratización del conocimiento hizo que las familias se empoderaran y tuvieran al alcance de su mano información sobre los mejores métodos de alimentación, de rutinas del sueño o de desarrollo cognitivo de los más pequeños.

Pero esto a lo largo del tiempo, desde mi opinión, ha tenido una gran contrapartida.

Cuando nos enteramos de que vamos a ser madres, lo primero que muchas de nosotras hacemos es comprarnos libros sobre el embarazo, el parto, la lactancia y la crianza. Recuerdo que el primer libro que me leí cuando me enteré de que estaba embarazada fue el de *La maternidad y el encuentro con la propia sombra*, de Laura Gutman. Bueno, en realidad no llegué a leerlo hasta el final. Ese libro me removió demasiado y solo sentía que todo lo que hacía estaba mal. Y ahí me empecé a preguntar si, para ser madre, era necesario documentarse tanto.

Después de ese libro llegaron otros. Casi parecía que me estuviera preparando para una oposición. Días antes del parto yo ya me sentía psicológicamente lista. Pero cuando cogí a mi hijo en brazos, todas las teorías que había aprendido parecían carecer de sentido.

Tenía veintiocho años y la maternidad me venía muy grande. Me sentía como un pez en el desierto. Y aunque los libros nos ofrecen ayuda, a veces la vida real no se parece a lo que en ellos nos dicen, es así. Mi hijo tenía personalidad propia y nada era tan sencillo como lo planteaban todas las teorías que me había leído.

Estuve casi un año sin dormir más de dos horas seguidas. Establecer la lactancia materna casi me cuesta mi salud mental. Y, como ya he contado antes, cuando parecía que iba a ver la luz, y mi hijo podía empezar a comer sólido, él no toleraba absolutamente ninguna textura que no fueran los potitos de verdura del supermercado. Nada de hacer yo misma la verdura y triturarla.

Me sentía una mala madre. Me convencí a mí misma de que si mi hijo no dormía ni comía bien era porque yo no lo sabía hacer. Y ahí apareció la mejor amiga de la autoexigencia en la maternidad: **la culpa.**

Una de las cosas que más me fascina es comprender cómo han vivido la maternidad las diferentes generaciones. He hablado mucho con mi madre de esto. Ella me cuenta que, cuando se convirtió en madre, no existía la culpa. Tampoco el concepto de ser una mala madre. La gente simplemente hacía lo que podía y eso era suficiente.

¿Qué nos ha pasado a nuestra generación, que parece que hagamos lo que hagamos nunca es suficiente?

Es evidente que, viéndolo con perspectiva, hay ciertas cosas de nuestra crianza que hoy en día no vemos adecuadas. La poca educación emocional o la crianza basada en el autoritarismo no nos ayudaron a ser personas seguras y con buena autoestima. Nuestro reto, hoy, es no repetir con nuestros hijos aquello que no nos gustó de la educación que nos brindaron nuestros padres. Y eso es bonito a la vez que puede removerte por dentro.

Pero, como pasa en la política, a veces nos movemos de un extremo al otro.

Transforma tu maternidad académica

La maternidad académica es aquella que basa la mayoría de sus decisiones parentales en aquello que lee. Desde artículos en internet hasta libros de autoayuda, y, por supuesto, no me puedo olvidar de todas las recomendaciones que da la Organización Mundial de la Salud (OMS).

Leer no tiene nada de malo. Yo misma leo y busco información cuando voy perdida en algún tema. Pero cuando aplicamos la información que leemos de una forma rígida e inamovible, esto puede derivar en un gran malestar.

El principal problema viene cuando lo convertimos en algo excesivo, es decir, cuando sucumbimos a la idea de que si nuestra maternidad no encaja con lo que las teorías dicen es que está mal y por lo tanto nos convertimos en un mal padre o madre. Eso nos hace sentir tremendamente culpables y con la sensación de que si algo no sale como lo hemos planeado es porque no nos hemos esforzado lo suficiente o hay algo mal en nosotras.

De ahí nace la excesiva autoexigencia. Nos volcamos en que nuestros hijos duerman de una determinada manera, o coman unos alimentos concretos. Queremos gestionar las rabietas tal y como hemos leído que debemos hacerlo. Algunas veces funciona y nos va bien, pero otras veces la teoría no refleja nuestra realidad. Y pensamos que la única explicación posible es que nosotras no somos capaces de hacerlo bien.

El trabajo es transformar la maternidad académica en una maternidad intuitiva. Eso significa volver a conectar con nuestra intuición como madres. Conectarnos con la realidad y observar a nuestros hijos. ¿Esto que he leído se adecúa a mi realidad? ¿Hace bien a mi familia? ¿Cuida a mi hijo o hija? ¿Me cuida a mí? ¿Me siento bien haciéndolo?

Puedes leer tantos libros como necesites o te apetezca, pero no te olvides de comprobar si aquello que dice un estudio o ese profesional tan reputado encaja con tus valores y promueve tu bienestar familiar. Si no es así, encuentra otra forma de hacer las cosas.

No hay una única manera de ser buen padre o madre. No es mejor madre la que da el pecho a su hijo ni la que no le deja probar ni un dulce. Todas las maternidades deben ser respetadas, salvando unos límites que todos conocemos.

Las consecuencias de la excesiva autoexigencia en la maternidad

Es muy probable que ser muy autoexigente en la maternidad tenga algunas ventajas, como por ejemplo conseguir que tu hijo o hija lleve un determinado tipo de alimentación saludable o consiga comer por sí solo muy pronto. Es por este motivo por el que eliminar la autoexigencia de un plumazo no tendría ningún sentido. Ya lo hemos visto: el equilibrio es necesario en todos los ámbitos de nuestra vida.

Pero no quiero cerrar este capítulo sin nombrar dos de las consecuencias de ser demasiado autoexigentes en la maternidad.

> **Conectar con una maternidad muy académica y rígida tiene como resultado el olvido de lo más importante en la crianza: disfrutar de la infancia de tus hijos.**

Nunca más serán tan pequeños como lo son hoy. A veces la autoexigencia nos hace poner el foco en aspectos de la crianza que nos quitan tiempo de, simplemente, estar con nuestros hijos y disfrutarlos. Y esta es **la primera consecuencia: no poder** disfrutar de la crianza al encontrarnos eclipsadas por múltiples exigencias.

Más allá de llevar a cabo determinadas rutinas, o aplicar un método u otro, **nuestros hijos necesitan amor.** Hacer planes juntos, reírse, disfrazarse, bailar y leer cuentos. Mi objetivo es repetir con ellos todas esas cosas que yo he disfrutado de pequeña y hacer de su infancia algo memorable. Quiero que miren hacia atrás y digan: qué infancia más bonita que tuve.

Y eso no se puede hacer desde el perfeccionismo y la autoexigencia extremos. Así que te invito a que reflexiones, si tienes hijos:

> **¿Cuánto espacio te concedes a ti misma y a disfrutar de tu maternidad desde la espontaneidad?**

La segunda consecuencia es la proyección de la exigencia en nuestros hijos e hijas. Proyectamos en ellos lo mejor de nosotras: por ejemplo, si normalmente somos personas cariñosas, con nuestros pequeños lo somos mil veces más. Pero también proyectamos lo peor de nosotras. Si somos personas extremadamente perfeccionistas, también lo solemos ser con ellos. Así que, inevitablemente, nuestra personalidad y nuestras acciones tienen un gran impacto en nuestra descendencia.

Si los valores principales de tu vida son el perfeccionismo y la disciplina, tus hijos los adoptarán como suyos. **Si les enseñas** que para disfrutar de algo deben merecerlo, ellos internalizarán esa creencia como si fuera suya.

Ahora piensa un momento. ¿Qué crees que aprenderán tus hijos si te hablas mal a ti misma cada vez que cometes un error en la crianza? ¿O que no te permites tener tu espacio de autocuidado porque aparece la culpabilidad? Aprenderán que está mal equivocarse y que el cuidado de los demás está por encima del propio.

Desde que me di cuenta de esto, tomo las decisiones de manera más consciente. Quiero que mis hijos se hablen con amabilidad, que traten bien a los demás y a la vez que se escuchen y cuiden sus necesidades emocionales.

¿Y cómo lo hago? Siendo su ejemplo.

Espero que mi perspectiva sobre la maternidad te haya hecho reflexionar. Pronto te contaré cómo puedes aprender a gestionar la culpa para vivir esta faceta de una forma más auténtica y libre.

Los dobles mensajes de la sociedad

Una de las cosas que más impacto tienen en nuestra maternidad son los mensajes de la sociedad. Como ya hemos explicado, para el ser humano es muy importante sentir que pertenece. Y para ello necesita sentir que encaja y forma parte del rebaño. Para sentirnos integrados, escuchamos a menudo los mensajes que tiene la sociedad sobre ser unos buenos padres. Sin embargo, la variedad de creencias tan dispares que nos llega es tan grande que acabamos hechos un lío.

Por ejemplo, a menudo **la sociedad nos dice que cada una es libre de elegir cómo quiere vivir su maternidad, pero a la vez nos juzgan si nos ponemos en primer lugar.** Por un lado, nos hacen creer que «son aceptados todos los tipos de familia», pero luego nos juzgan si decidimos tener familia numerosa o no ser padres jamás.

A esto se le denomina «dobles mensajes» y son tremendamente peligrosos para nuestra salud mental. La sociedad constantemente nos los manda y eso nos confunde y hace sentir realmente mal. Te cuestionas si todas estas exigencias nacen de tu cabeza, porque te hacen creer que «hagas lo que hagas, está bien». Pero sabemos que esto no es de verdad así a ojos de la sociedad. Y cuanto antes puedas detectarlo, antes dejarás de culparte por vivir la vida a tu manera y aceptarás que lo más importante es conectar contigo.

Detectar este tipo de contradicciones en la sociedad te ayudará a ver que las opiniones «populares» no reflejan la verdad absoluta.

El trabajo está en apuntar la mirada hacia dentro, donde puedas conectar con lo que realmente hace bien a tu familia y a ti, independientemente de lo que la sociedad diga que es lo correcto.

No te creas, a mí también me cuesta, y a menudo llega un momento en el que me cuesta conectar conmigo. Ya no sé qué cosas de las que hago provienen de mi intuición o qué cosas hago para encajar. Para esto es muy útil hacer el trabajo en valores que hemos ido comentando en algunos capítulos. Más adelante te pondré un ejemplo de esta poderosa herramienta aplicada a la maternidad. Solo tienes que seguir leyendo.

La autoexigencia conmigo misma

No siempre he sido muy autoexigente conmigo misma. Quizá la memoria me falla, pero recuerdo sentirme a gusto conmigo misma cuando era pequeña, sentir que estaba bien ser como era.

Todo cambió cuando empecé la universidad. De pronto, sentía siempre la presión de estar/ser perfecta. Desde ponerme la ropa adecuada a llevar el pelo impoluto. Probablemente la autoexigencia que más me hacía sufrir surgía en la relación con los demás.

Mi autoestima era muy frágil porque nacía del reconocimiento externo. Me sentía bien en la medida en que los demás me decían que me veían guapa o que valoraban una cualidad que reconocían en mí, por ejemplo, que era muy amable o inteligente.

Aunque en ese momento no lo reconocía, lo que más me importaba era que los demás tuvieran una buena opinión de mí. Y me esforzaba mucho por aparentar ser una mujer perfecta, hacer siempre los comentarios oportunos y mostrarme simpática y amable.

El problema es que ese comportamiento era agotador. Reprimía mucho mis emociones y en alguna ocasión tuve un arrebato incontrolable de enfado y una reacción muy salida de tono. Eso me hacía sentir terriblemente mal, y me castigaba y criticaba a mí misma cuando no conseguía ser la persona que yo tenía en mi cabeza.

Toda esta autoexigencia oprimía mi verdadero ser. Pero no solo eso, además me hacía sentir muy deprimida debido al mensaje que realmente me mandaba: «Está mal ser como eres», «siendo así nadie te querrá».

Por suerte estudiar la carrera de Psicología y hacer un proceso de terapia me ayudó. Y poco a poco fui descubriendo todo lo que te cuento en este capítulo. Cómo conocerme a mí misma, aceptarme y mostrarme al mundo sin (tanto) miedo.

Estamos a punto de llegar al final de este apartado, y sin lugar a dudas la joya de la corona de la autoexigencia es la relación con nosotras mismas. Si bien es cierto que ya hemos dado alguna pincelada en el apartado de la exigencia y el cuerpo, aquí nos referiremos más a la **autoexigencia en cuanto a nuestra personalidad.**

Cada ser humano tiene en su mente una imagen bastante clara de cómo sería la persona ideal, lo que algunos autores de la psicología han acuñado como *alter ego*. Traducido del latín, significa «otro yo», es decir, que se refiere a la idea de cómo sería mi yo ideal si yo fuera la persona perfecta.

Imagínate que yo soy una persona introvertida y muy tímida y no me gusta nada eso de mí. Probablemente mi *alter ego* sería ser una persona extrovertida y carismática.

A menudo nos ocurre que rechazamos una parte de nosotras que no nos gusta y nos exigimos ser de otra manera.

Puede ser que, siguiendo el ejemplo, me esfuerce por mostrarme extrovertida, porque me he creado una identidad paralela que me permita ser más lo que yo quiero ser.

Cuando hay mucha distancia entre quién te gustaría ser y quién eres aparece el malestar. Es común, entonces, que este malestar venga acompañado de mucha autoexigencia que te lleve a cumplir las expectativas que tienes sobre ti misma.

Te exiges ser de una determinada manera para encajar: por ejemplo, ser más amable, o más bromista, y te enfadas contigo misma por no ser como te gustaría.

Ser muy autoexigente contigo misma te puede traer algunos problemas:

- **Que hagas por comportarte como alguien que no eres.** Por ejemplo, ser la humorista del grupo cuando tu personalidad es más bien ser una persona seria.
- **Que los cambios que te exiges nunca sean suficientes.** En el caso de que estuvieras descontenta con tu timidez y con el tiempo y esfuerzo lograras trabajarla y superarla, es posible que entonces pusieras el foco en otro aspecto de ti, por ejemplo, que tu inteligencia te parezca insuficiente.
- **Que sientas rechazo hacia ti misma.** Este rechazo puede manifestarse cuando te exiges cambiar constantemente y no te permites aceptarte tal como eres. Por ejemplo, si eres una persona soñadora y te culpas por ello, considerándolo una debilidad en lugar de una cualidad valiosa. El rechazo a uno mismo puede hacer que veas tus características innatas como defectos, lo que te lleva a un ciclo de autoexigencia incesante, donde nada de lo que eres o haces parece ser suficiente. A largo plazo, esta falta de aceptación puede afectar gravemente tu bienestar emocional.
- **Que te desconectes de ti.** Puede llegar un momento en el que es tal el esfuerzo que haces por llegar a ser una versión idealizada de ti misma que, cuando quieras darte cuenta, ya no recuerdes quién eres realmente. Por ejemplo, como consecuencia de exigirte ser una persona complaciente, quizá te olvides de qué restaurantes te gustan y hagas tuya la frase «vamos donde tú quieras».

¿Cómo detecto que estoy siendo demasiado autoexigente conmigo misma?

Uno de los problemas de **la autoexigencia es que es un proceso automático.** Nos sale ser así fruto de un aprendizaje que hemos estado integrando durante muchos años. Los pequeños sistemas de la sociedad nos han reforzado todas las conductas que tienen que ver con el esfuerzo y el perfeccionismo, y poco a poco y a nivel inconsciente eso ha ido calando.

Cuanto más autoexigente soy, más se me valora y reconoce. Con el tiempo estas creencias ya no ocupan un lugar consciente en nuestro cerebro, sino que han pasado a formar parte de nuestros valores.

Sin embargo, llega un día en que el reconocimiento ya no es suficiente para hacernos sentir bien, porque **las acciones que tenemos que realizar para obtenerlo son demasiado altas o ni siquiera están definidas** y, por lo tanto, nunca son reconocidas.

Es en este momento en el que empieza el malestar. No sé qué es lo que me ocurre. Me siento estresada, con mucha ansiedad, tengo dolor de barriga o un tic en el ojo. Quizá ha llegado la hora de analizar cómo están tus niveles de autoexigencia. Créeme que gran parte del malestar que sentimos viene de no tener un buen equilibrio entre lo que nos exigimos a nosotras mismas y cuánto nos cuidamos.

Cuando somos demasiado exigentes salta una alarma en nuestro cuerpo.

Y, aunque a veces resulta ensordecedora, es bastante común hacer oídos sordos y escucharla cuando ya es demasiado tarde.

Las alarmas de la sobreexigencia son:

Alarmas físicas. Tu cuerpo ha empezado a somatizar. No todas las personas somatizamos de la misma manera. Algunas tienen tendencia a padecer dolores de cabeza o migrañas; otras tienen más tocado el sistema gastrointestinal, con malas digestiones o diarreas persistentes. Y otro tipo de signo alarmante serían las patologías de la piel, cuando padecemos dermatitis, etc.

Si eres una persona que tiende a tener muchos síntomas físicos es importante que, antes de sacar conclusiones precipitadas, visites a un médico que pueda descartar que tu dolencia no se trata de algo orgánico. Una vez hecho este trabajo, si los síntomas persisten, te invito a que reflexiones sobre si el nivel de presión al que te sometes a ti misma es o no demasiado alto.

Alarma emocional. Es normal experimentar distintas emociones durante un día o, incluso, durante una misma hora. Lo habitual es oscilar entre emociones más agradables y otras menos agradables, pero si la mayor parte del tiempo te sientes triste, enfadada, con ansiedad, si sientes culpabilidad a menudo, quizá la autoexigencia es algo que deberías revisar.

Más adelante abordaremos el tema de las emociones y te daré recursos para que puedas reconocerlas y aprender a gestionarlas mejor.

Alarma mental. El tipo de pensamientos que tienes y tu propio diálogo interno te pueden dar muchas pistas sobre tu autoexigencia. Si en tu cabeza se repiten constantemente pensamientos de autocrítica, tiendes a ver la realidad en términos dicotómicos (o todo o nada) y te comparas mucho con los demás, es probable que la autoexigencia se haya apoderado de tu mente.

Lo noto porque parece que he perdido el control sobre lo que pienso y me he convertido en mi peor enemiga. Diariamente me descalifico y soy implacable conmigo misma. Si te sientes identificada, tengo que decirte que esto tiene solución, ¡sigue leyendo!

¿Está sonando alguna de estas alarmas en ti? ¿Predomina más de una? ¿O suenan las tres a la vez? Sea como sea, **cualquiera de las tres alarmas genera malestar e incomodidad.** Y por eso lo que solemos hacer en un primer momento es intentar apagarlas, ya sea en forma de pastilla que alivie el dolor, reprimiendo nuestras emociones o diciéndonos a nosotras mismas que lo que deberíamos hacer es no pensar.

Si has probado cualquiera de estas soluciones, te habrás dado cuenta de que no son muy efectivas. El malestar físico reaparece, así como las emociones desagradables en bucle o el machaque constante hacia ti misma.

> **En psicología sistémica decimos a menudo que, si has probado a solucionar un problema de una forma y no te ha funcionado, no pruebes la misma forma.**

Las soluciones intentadas nos sirven para saber por qué camino no se solucionan nuestros problemas, y así intentar ser más creativos y buscar alternativas nuevas.

Qué es ser fiel a una misma y cómo volver a serlo

Desde que somos pequeñas, las personas estamos sometidas a condicionamiento. La sociedad, nuestra familia, la escuela... nos van moldeando, y eso hace que poco a poco tapemos nuestra esencia para dar cabida a mostrar aspectos que puedan tener más valor social.

La esencia es quién eres tú misma si dejamos a un lado todo aquello que hemos ido cambiando para agradar.

Es esa parte de ti que se mostraría si viviéramos en una isla desierta y no tuviéramos que adaptarnos a unas reglas sociales ni esperar reconocimiento de nadie.

La esencia es muy visible en niños. Cuando son muy pequeños, podemos observar cómo algunos son más tímidos y otros más dicharacheros. Otros son más miedosos, más curiosos o más atrevidos. Esa es la naturaleza de cada uno.

Conforme vamos creciendo la educación familiar, escolar y social van reforzando unos comportamientos y castigando otros. Y esto hace que, quizá, el niño expresivo deje de serlo porque en su familia se le juzga y se le tacha de dramático. **Con los años vamos olvidando quiénes somos en realidad.** Y llega un día en que no sabemos separar qué parte nos define a nosotras mismas y qué parte hemos creado para gustar a los demás. Si nos pasamos demasiados años en esa dinámica, complaciendo a los demás, corremos el peligro de olvidar nuestra verdadera personalidad o qué es lo que realmente nos gusta.

Esto trae como consecuencia que muchas de las decisiones que tomamos no estén alineadas con quienes somos. Y quizá quiera hacer medicina porque todas las mujeres de mi familia son médicas, cuando en el fondo de mi corazón lo que me llena es pintar. Tomando este tipo de decisiones me alejo de ser fiel a mí misma.

Y muchas veces ni soy consciente de esto porque ya he olvidado quién soy y lo que realmente me gusta.

Uno de los trabajos que realizamos en terapia es **aprender a conocernos mejor.** Es rebobinar en el tiempo y descubrir quiénes éramos antes de todo este condicionamiento. Cómo soy y qué me gusta. A mí; no a mi pareja, ni a mi madre, ni a mis hijos.

Volver a encontrarse con una misma es posible.

**El primer paso es conectar
con aquellas cosas que
verdaderamente me gustan.**

LLEGA UN DÍA EN EL QUE ME DOY CUENTA DE QUE...

Voy siempre a esquiar con mi pareja...	... aunque nunca me ha gustado esquiar.
Mi color favorito es el rojo, igual que mi madre...	... porque mi madre siempre decía que el negro no era bonito.
Voy a conciertos de música alternativa con una amiga...	... aunque lo que a mí me gusta es bailar salsa.

Y sabré cuáles son porque esas cosas me hacen sentir bien y me hacen experimentar todo un abanico de emociones agradables.

Antes de empezar a ponernos filosóficas con preguntas como quién eres o a dónde quieres llegar, tienes que ser capaz de responder preguntas básicas sobre ti misma, como, por ejemplo, ¿qué tipo de comida te gusta? ¿Cuál es tu género de película favorito? ¿Dónde te gustaría ir de vacaciones?

Parece sencillo, pero a menudo nos vemos yendo semanalmente a restaurantes que no nos apasionan, dejando que los demás escojan qué película vamos a ver en el cine o embarcándonos en un crucero cuando odiamos estar en el mar.

Ser fiel a ti misma implica que, gran parte del tiempo, hagas cosas que te sientan bien y dejes de hacer cosas que no van con tu manera de ser.

Evidentemente aquí no hablamos de que dejes de llevar a tus hijos al cole porque te apetece más dormir, sino de poder encontrar un equilibrio entre tus obligaciones y aquello que te llena el alma.

En los grados más extremos de desconexión, no sabemos responder cuando nos preguntan qué tipo de comida es la que más nos gusta. Pero eso no debe frenarnos, es momento de darnos la oportunidad de redescubrirnos. De probar restaurantes nuevos, comida italiana, japonesa, mediterránea…, e ir descartando y eligiendo los que nos producen mejores sensaciones. Poco a poco iremos descubriendo nuestros gustos de nuevo.

El problema, como venimos diciendo, es que a veces la autoexigencia nos presiona para que seamos personas más amables y complacientes con los demás. Para que nos esforcemos en caer bien a los otros y evitemos los conflictos a toda costa. Es entonces cuando empezar a hacer este descubrimiento interior puede ponerse difícil.

El precio de ser fiel a ti misma

Cuando llevamos muchos años siendo personas complacientes hay todo un entorno que, más consciente o inconscientemente, se beneficia de eso. Si tienes una relación en la que has ido perdiendo tu esencia, puede ser por dos motivos:

- Puede ser que tengas un **perfil de personalidad más bien complaciente:**
  √ Tu bienestar depende mucho de cómo estén emocionalmente los demás.
  √ Necesitas un entorno estable para sentirte tranquila.
  √ Cedes constantemente.
  √ Prefieres que los demás tomen las decisiones por ti.
  √ Tus acciones van destinadas a evitar los conflictos a toda costa.
- La otra opción es que estés perdiendo tu esencia porque **estás con una persona que tiene un perfil muy dominante** o incluso puede llegar a tener rasgos narcisistas o de trastorno de personalidad.
  √ Cuando te relacionas con esa persona te sientes coaccionada porque temes que se enfade constantemente, te chantajee, te manipule, etc.

En cualquiera de los dos casos, la dinámica de la relación condiciona tu personalidad y, para evitar el conflicto, acabas cediendo en muchas de las decisiones del día a día. Después de meses o años puedes incluso olvidar qué es lo que te gusta hacer o cuál es tu deporte favorito.

A menudo los dos motivos se retroalimentan. Los perfiles de personalidad más complacientes establecen relaciones con personas más bien dominantes y expansivas. Y al revés, las personas dominantes buscan relaciones con personas que sepan ceder y adaptarse a sus necesidades.

¿Y esto es malo?

Pues no necesariamente. Los problemas empiezan cuando este tipo de relaciones nos hacen olvidar quiénes somos, qué es lo que nos gusta y qué nos apetece hacer con nuestra vida.

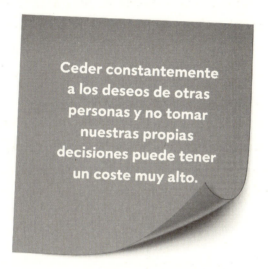

Ceder constantemente a los deseos de otras personas y no tomar nuestras propias decisiones puede tener un coste muy alto.

- Que tu bienestar dependa de otras personas.
- Que dejes de hacer cosas que te hacen bien y como consecuencia sentir ansiedad y depresión.
- Que pierdas la conexión contigo misma e incluso tengas una crisis de identidad.

Cuando el precio que hay que pagar es muy alto, seguramente le estaremos dando la bienvenida al malestar. Y muchas veces es en este momento cuando empezamos a pedir ayuda para reencontrarnos con nosotras mismas.

Comenzar a conectar con las cosas que verdaderamente

disfrutamos no es tan difícil, pero, como he comentado antes, mientras éramos personas sumamente complacientes había relaciones que se beneficiaban de nuestra adaptabilidad. Y perder beneficios no le gusta a nadie.

El verdadero precio por empezar a ser fiel a nosotras mismas es que nuestro entorno se enfade. Además, pueden comenzar a ejercer una presión por mantener lo que en psicología sistémica llamamos la **homeostasis del sistema**. Es decir, que todo vuelva a ser como antes.

Esto se intentará conseguir de muchas maneras. Mediante la manipulación emocional —me enfado para que hagas lo que yo quiero—, el chantaje —«si sigues así nuestra relación se distanciará»— u otras manipulaciones como «ya no te reconozco», «me gustaba como eras antes»…

Reencuéntrate contigo misma

Sé que es muy difícil no ceder a esta presión de la que venimos hablando, pero, si te sientes identificada con todo lo que te he contado, estás harta de cuidar de todo el mundo y quieres volver a encontrarte contigo misma y priorizarte, sigue estos pasos:

1. **Toma consciencia:** ¿cuántas de las decisiones que tomo me hacen ser fiel a mí? Cuando se proponen

LA AUTOEXIGENCIA EN LAS DIFERENTES ÁREAS DE MI VIDA

planes, ¿cuántos propongo yo o son de mi verdadero agrado? ¿Tengo claro quién soy? ¿Qué me gusta? Si estuviera en un lugar donde nadie me conociera, ¿seguiría haciendo lo que estoy haciendo ahora? ¿Iría a los mismos restaurantes? ¿Leería los mismos libros?

2. **Empieza a (re)conocerte:** es momento de volver a reconectar con aquello que me gusta. Pruebo distintos restaurantes, voy al cine a ver nuevas películas, me adentro en originales lecturas... El (re)conocimiento es un proceso que es más significativo si lo hago sola. De esta forma me aseguro de que las decisiones que tome no están condicionadas por mi entorno.

3. **Escoge y descarta:** una vez que he experimentado nuevos *hobbies*, comidas, hábitos... es hora de escoger los que más me han gustado y descartar los que siento que no van con mis gustos. Por ejemplo, probar cinco tipos de comida diferente me ayuda a saber cuál es la que me ha gustado más y cuál no repetiría.

4. **Te toca decidir a ti:** una vez que vaya conociendo más sobre mí misma es momento de compartir estos gustos con las personas que me rodean. No dejar que siempre sea la otra persona quien escoja el restaurante sino ser tú la que propongas lo que te apetece comer hoy. O pactar que os alternaréis en la selección del lugar donde iréis a cenar.

> **5. Deja de hacer lo que no te hace fiel a ti:** esta es la parte más complicada. A veces pensamos que una forma de demostrar amor es ceder a todos los deseos de la otra persona. Estamos erróneamente convencidas de que si nos queremos, hemos de ir juntos a todos los sitios y compartir los mismos *hobbies*.

En las relaciones no hay que compartirlo todo.

Cada persona tiene una individualidad que hay que respetar (y cultivar), y el vínculo relacional se crea buscando puntos en común.

A mi pareja por ejemplo le encanta el deporte, su pasión son todos los deportes que tengan una tabla, como el snow, el surf... Al principio de la relación hice de todos sus *hobbies* los míos. También solía ver las películas que a él le gustaban e incluso me compraba ropa del mismo estilo. Pero nada de eso se sostuvo mucho tiempo. Nunca llegó a gustarme el surf y mucho menos deslizarme por empinadas pistas de nieve, cosa que, por cierto, descubrí que odio.

Poco a poco fui entendiendo que acompañarle a hacer algo que no me gusta no me hace quererle más, pero sí me hace quererme menos a mí misma. Así que empecé a poner límites:

- Le digo a mi pareja que prefiero que vaya a esquiar con otras personas.
- Le digo a mi amiga que no la voy a acompañar a los conciertos de música indie porque ese estilo de música no me gusta.
- Le digo a mi madre que prefiero cambiar de restaurante porque he aborrecido la comida tailandesa, aunque es su favorita.

A esto se le llama **poner límites.** Es decir, **comunicar de una manera respetuosa que vamos a dejar de hacer algo que ni nos gusta ni nos cuida.** Seguro que no es la primera vez que has oído de la importancia de poner límites, pero las personas complacientes sabemos que hacerlo es todo un reto para nosotras. Nuestro entorno puede tener dos tipos de reacciones:

- **Aceptar el límite.** Esta es obviamente la mejor opción cuando tienes relaciones sanas que te suman y te potencian. Cuando le dije a mi pareja que no me gustaba ir a la nieve, al principio le supo mal, es un *hobby* que a él le gusta mucho y quería compartirlo conmigo. Pero pronto se alegró de que dedicara el tiempo a hacer cosas más satisfactorias para mí y se movió para encontrar a otras personas con quien compartir su *hobby*.

  Eso sí, es importante darse cuenta de que **se trata de poner límites, pero no de irnos al otro extremo.** Prohibir a la otra persona que siga haciendo su *hobby* o intervenir de cualquier manera para que lo deje es igual de malo o peor que obligarnos a hacerlo. La clave es que cada uno logre encontrar momentos y personas con las que poder desenvolverse. Nadie ha de dejar de hacer nada. Simplemente os tendréis que esforzar en descubrir qué podéis hacer en común.

- **No aceptar el límite.** Aquí ya pueden empezar los problemas. A menudo si hemos estado muchos años cediendo y diciendo que sí a todo, puede que, cuando empieces a poner límites, estos no sean aceptados por la otra persona. Es común que el otro muestre resistencia y aplique la manipulación que hemos comentado anteriormente. La más habitual es el enfado. Y por eso decimos que, a veces, ser fiel a una misma tiene un precio.

Si nuestro entorno no reacciona bien cuando decidimos priorizarnos es porque:

- **Tenemos una relación poco recíproca.** Como hemos comentado, hay desequilibrio en el poder que cada uno tiene en una relación dada, hay un miembro más dominante que el otro.
- **Tenemos una relación basada en la complacencia.** Que se basa en ceder para agradar al otro, evitar los conflictos y, en consecuencia, sentirnos más valorados y reconocidos.

Para evitar el enfado de aquellos a quienes queremos, seguimos cediendo y conectando con sus necesidades más que con las nuestras. El resultado: nos olvidamos de nosotras mismas. En conclusión, después de todo lo que hemos ido comentando, se nos presentan dos opciones:

1. Seguir haciendo cosas que no me apetecen para tener contentos a aquellos que quiero.

2. Empezar a hacer aquello que me hace fiel a mí misma, aunque eso suponga sentirme culpable por dejar de complacer a los demás.

¿QUÉ OPCIÓN ESCOGES?
Yo lo tengo claro

A la gestión de la culpa, que ya ha salido en varias ocasiones en el transcurso de este libro, queda muy poquito para darle espacio. Y probablemente te sorprenderá mucho lo que te voy a contar...

La rueda de la autoexigencia

¡Menudo viaje! Te felicito por haber llegado hasta aquí. Es probable que te hayas ido sintiendo identificada con algunas cosas que he ido explicando sobre la autoexigencia en las diferentes áreas de nuestra vida.

Este último apartado marca un alto en el camino donde voy a ayudarte a aterrizar todo lo que hemos ido viendo sobre la autoexigencia. Puede que en este momento pienses que eres una persona autoexigente *de manual*, pero recuerda la importancia de no ver las cosas en términos dicotómicos, o blanco o negro, y observar la realidad en una escala de grises que nos ayudará a determinar dónde hemos de poner nuestra energía en equilibrar la autoexigencia.

¿Preparada? Colorea cada área de tu vida con el grado de malestar que te está generando la autoexigencia que aplicas en esa área.

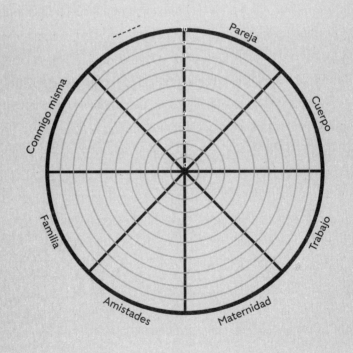

Leyenda:

- **Pareja:** te esfuerzas en ser perfecta para tu pareja, te cuesta mostrarte tú misma y tiendes a tener más en cuenta sus necesidades que las tuyas.
- **Cuerpo:** crees que tu cuerpo «debería» ser de otra manera y haces cosas que no te sientan bien para intentar cambiarlo (un deporte que no te gusta en absoluto, por ejemplo). Llevas a tu cuerpo al límite y no te permites descansar.
- **Trabajo/estudios:** te exiges rendir a unos determinados niveles, haces más horas de las que están en tu contrato, realizas tareas de más. Eres muy disciplinada y nunca faltas al trabajo aunque te encuentres mal.
- **Amistades:** crees que las amistades deberían ser incondicionales y sientes que debes estar siempre disponible. Quedas con tus amigos o amigas aunque no te apetezca o no te gusten los planes que se proponen.
- **Familia:** antepones las necesidades de tu familia a las tuyas propias. Te esfuerzas por estar a la altura de lo que tu familia espera de ti y tienes miedo a decepcionarlos. Prefieres esconder partes de ti que tienes miedo de que no sean aceptadas.

- **Maternidad:** te sientes a menudo culpable cuando no puedes hacer lo que los libros, las redes sociales u otras personas te dicen que es lo correcto. No reservas un espacio para ti, lo das todo para todos y te dejas en el último lugar con la intención de ser una buena madre.
- **Conmigo misma:** te exiges ser de una determinada manera para encajar, por ejemplo, ser más amable, o más simpática, etc. Te enfadas contigo misma por no ser como te gustaría.
- _____: la última porción está en blanco para que tú puedas añadir algún área en la que seas muy autoexigente y no esté descrita anteriormente.

El objetivo de este ejercicio es que te des cuenta de que no eres igual de autoexigente en todas las áreas de tu vida. También influye en qué momento vital te encuentres. Es probable que si eres adolescente la amistad sea un tema muy importante para ti. O que si acabas de ser madre, la familia tome un lugar privilegiado en tu lista de prioridades.

Lo importante es que ya has detectado cuál o cuáles son las áreas que más malestar te producen y la buena noticia es que pronto te daré estrategias para que puedas aprender a gestionarlas.

Te invito a reflexionar sobre todo lo que hemos

ido trabajando hasta ahora. En el siguiente capítulo te voy a presentar a los amigos de la autoexigencia, y es que, como puedes intuir, la autoexigencia nunca va sola.

3

LOS AMIGOS DE **LA AUTOEXIGENCIA**

Ya hemos hablado de que la autoexigencia no es una característica de la personalidad que tienes o no tienes. Más bien, cada persona posee un grado de autoexigencia en una escala de infinidad de grises. Y, además, no es siempre la misma, sino que se modifica en cada situación. Yo, por ejemplo, no soy igual de autoexigente en mi trabajo que en mi faceta como madre.

Las personas que, comúnmente, somos excesivamente autoexigentes en muchas facetas de nuestra vida también presentamos características de personalidad particulares. Tenemos tendencia a ser personas más perfeccionistas, rígidas, a llevarnos mal con la incertidumbre y somos más vulnerables a sufrir, por ejemplo, el síndrome del impostor.

También el grado de autoexigencia suele afectar a nuestro nivel de autoestima y al tipo de emociones que experimentamos. Como ves, la autoexigencia nunca va sola. Y en este capítulo te presentaré a sus amigos inseparables.

Conocer la importancia de estas otras características es vital porque, a menudo, son las más visibles. Son las capas de cebolla que protegen a la autoexigencia de ser vista. Cuando en terapia vamos viendo qué funciones cumplen el perfeccionismo o la rigidez en nosotras, nos damos cuenta de que por lo general esconden una exigencia desmedida que nos hace sufrir.

Por último, déjame recordarte que, como en la vida, seguramente habrá amigos de la autoexigencia que te caerán mejor que otros. ¿Preparada para conocer las características de personalidad que se asocian a ser una persona muy exigente?

¡Allá vamos!

El perfeccionismo

Si la autoexigencia tuviera un mejor amigo inseparable, sería el perfeccionismo. El perfeccionismo es un rasgo de personalidad característico de quienes se imponen estándares excesivamente altos y metas casi inalcanzables. Las personas perfeccionistas no solo buscan la excelencia, sino que tienden a exigirse más allá de lo razonable, lo que las lleva a un ciclo constante de insatisfacción y crítica hacia sí mismas.

Por ejemplo, una persona perfeccionista puede leer muchas veces un e-mail antes de ser enviado o puede invertir muchas horas en llevar a cabo un trabajo para que cumpla un determinado estándar que tiene en la cabeza.

De todos los amigos de la autoexigencia que os iré comentando en este capítulo, el perfeccionismo es el más cercano a ella, su alma gemela. Cuando te pones un objetivo muy difícil de alcanzar, por ejemplo, aprobar una oposición, necesitas altas dosis de autoexigencia que te ayuden a levantarte cada día de la cama y ponerte a estudiar. Necesitas también altas dosis de perfeccionismo, porque, si no, muy difícilmente estarás entre los mejores para obtener el título.

> **Ser una persona perfeccionista**
> **no es malo: como siempre,**
> **la cuestión está en el grado.**

El perfeccionismo se ha convertido en un problema cuando:

- Me impide valorar mis logros, siempre minimizando lo que he conseguido.
- Nunca estoy satisfecha con lo que hago, siempre siento que es insuficiente.
- Creo firmemente que, por mucho que logre, siempre podría hacerlo mejor.
- Veo las cosas de forma extremista: o está perfecto o es un fracaso total.

- Me bloquea. Quiero hacerlo tan bien que prefiero no empezar, lo que me lleva a procrastinar.
- Me genera malestar, ya sea a través de emociones como ansiedad y culpa, o de pensamientos autocríticos y de autoexigencia constante.

De todos los puntos que he nombrado, los dos últimos me parecen especialmente importantes.

Las consecuencias del perfeccionismo extremo: el bloqueo

Existe un perfil de personas perfeccionistas que son más difíciles de detectar. Hablamos de las que, inconscientemente, quieren hacerlo todo tan bien que se bloquean y no consiguen empezar a hacer aquello que se han propuesto.

Aparentemente son personas perezosas y procrastinadoras (es decir, que siempre dejan para más tarde las tareas que tienen que hacer). Pero debajo se esconde alguien muy perfeccionista que se bloquea ante la creencia de que, como no conseguirán hacerlo todo perfecto, es preferible no hacer nada.

Esto puede ser muy paralizante, ya que impide a la persona llevar a cabo sus objetivos y progresar en la vida.

El bloqueo protege a estas personas de exponerse al fracaso.

Todos sabemos que es imposible hacer algo muy bien en pocos intentos. A menudo necesitamos mil pruebas fallidas antes de llegar a alcanzar el éxito. Pero cuando vives un fallo como un fracaso, la procrastinación te protege de fracasar. Lo que les cuesta ver a estas personas es que, si no ponen acción en aquello que quieren, seguramente no fracasarán, pero tampoco triunfarán.

Aterriza como puedas: cómo vencer el bloqueo

Si te sientes identificada con este perfil de persona perfeccionista y a menudo te bloqueas y te quedas paralizada ante la posibilidad de hacer algo que salga de tu zona de confort, te voy a explicar una de las herramientas estrella que usamos en terapia.

Esta técnica se llama «aterriza como puedas». Se trata de entender que, cuando queremos conseguir algo, pero aparece el bloqueo, es porque nos hemos propuesto un objetivo demasiado grande.

Imagínate que me propongo correr un maratón. Un maratón es una carrera de 42 kilómetros. Si pretendo alcanzar esta distancia en poco tiempo sin haber corrido nunca, es probable que me frustre tan pronto como empiece a correr. **Necesito aterrizar este objetivo, es decir, hacerlo tan pequeño y desmenuzado**

como sea posible. Organizar mis entrenos para ir aumentando mi resistencia poco a poco e ir poniendo alicientes en el camino que me hagan sentir orgullosa de mi progreso.

Si te sientes bloqueado con algún objetivo en la vida es previsible que no hayas organizado bien tu campo base, un lugar donde poder valorar lo que vas consiguiendo y a la vez puedas ir descansando.

Recuerda seguir estos pasos cuando venga a verte el bloqueo:

- **Analiza si este objetivo es propio o autoimpuesto.** Si quizá quieres correr un maratón porque tu pareja también lo hace, o si realmente es un objetivo que sale de ti misma.
- **Divide tu objetivo en miniobjetivos más asumibles.** Empezar alternando el correr y andar para ganar resistencia.
- **Piensa cómo puedes recompensarte en el camino.** Si la recompensa está demasiado lejos es probable que te falte energía para llevar a cabo lo que quieres.
- **Sé amable contigo cuando las cosas no salgan como quieres.** No te olvides de cuidarte, si un día estás muy cansada tómate un respiro y no te juzgues por ello.
- **Revisa tu plan.** Reajusta los miniobjetivos que te

> has propuesto cuando vayas viendo cómo está siendo tu progreso.
> - **Disfruta del proceso.** Si correr no te gusta, quizá hacer un maratón no sea una buena idea. Escoge objetivos que te hagan disfrutar independientemente del resultado que consigas.

Las consecuencias del perfeccionismo extremo: la ambigüedad

Esta que te voy a contar ahora es, para mí, la mayor trampa de ser una persona excesivamente perfeccionista. Y es que a menudo **ni nosotras sabemos cuál es ese estándar alto que queremos alcanzar** y al asomarnos a la ventana nos saluda la ambigüedad.

La ambigüedad aparece cuando nos exigimos a nosotras mismas hacer las cosas muy bien pero no hemos definido qué tiene que ocurrir para darnos cuenta de que hemos alcanzado ese nivel. Por ejemplo, yo quiero ser una buena madre, pero ni siquiera sé qué significa ser una buena madre para mí, no he establecido unos objetivos.

Entonces, me veo llevando cada día a mis hijos al cole, yendo a comprarles pijamas nuevos, haciéndoles comida saludable, leyéndoles cuentos, formándome para acompañar sus emociones…, pero aun así siento que nunca es suficiente.

Siempre puedo ser mejor madre, estar más con ellos, gestionar mejor la crianza, dedicar más tiempo a la preparación de su comida...

Si te pones objetivos ambiguos, tienes asegurado el pase vip hacia la frustración y la culpabilidad.

Quieres hacerlo perfecto, pero no sabes ni definir qué sería «hacerlo perfecto».

Si te sientes identificada es momento de parar y poner un poco de orden en las exigencias que te haces a ti misma. No te puedes exigir entrenar cada día si ni siquiera sabes qué deporte vas a practicar.

Trabajo en valores: cómo vencer la ambigüedad

Si te cuento todo esto es porque la ambigüedad me ha acompañado en muchas facetas de mi vida y me ha hecho sufrir mucho, sobre todo en mi maternidad. Sentir que nunca es suficiente me provocaba oleadas gigantes de culpabilidad. Pero desde que descubrí esta técnica, la culpabilidad hace acto de presencia muy pocas veces en mi vida.

LOS AMIGOS DE LA AUTOEXIGENCIA

No puedes juzgarte a ti misma por ser mala trabajadora o hija si ni siquiera sabes cómo podrías detectar que eres buena. Necesitas definir qué es para ti ser, por ejemplo, una buena trabajadora, para tener una medida fiable sobre la que poder medir.

Esta técnica se llama «trabajo en valores», y puedes extrapolarla a todas las áreas de tu vida. No te engaño si te digo que es la más sencilla, pero, a la vez, una de las más eficaces que aplicamos en terapia. **Si constantemente me siento culpable, necesito revisar qué objetivos no estoy cumpliendo para que esa emoción haga acto de presencia.** A menudo aparece cuando pienso que «lo podría hacer mejor» o que «lo que hago no es suficiente», pero es muy injusto valorar esto si ni siquiera yo sé cuándo sería suficiente.

Es en ese momento en el que he de hacer un trabajo en valores. Se trata de valorar un objetivo, por ejemplo, necesito sentir que soy una buena madre, y definir los tres valores más importantes que tengo en cuenta al exigirme a mí misma serlo. Para que puedas inspirarte te expongo los míos:

- Ser una buena madre es ir a buscar a mis hijos tres veces a la semana al colegio.
- Ser una buena madre es dar espacio a la diversión juntos (disfrazarnos, bailar, hacer bromas).

- Ser una buena madre es organizar y preparar cenas saludables al menos cuatro noches a la semana.

Antes de hacer este trabajo, me sentía culpable si no iba todos los días a buscar a mis hijos, o si alguna noche no me había dado tiempo a elaborar una receta para su cena. Además, si cometía un error, por ejemplo, me enfadaba de más o no salían las cosas como yo las había planeado, me sentía culpable y me machacaba por «haberme equivocado».

Así, disfrutar de la maternidad era imposible. **Haber hecho este trabajo en valores me permite concentrarme en lo que es verdaderamente importante para mí.** Y poder medir, más objetivamente, si estoy cumpliendo aquello que me he propuesto.

De esta forma, solo me sentiré culpable si una semana he podido ir un día a recogerlos, porque entre mis valores está presente estar con ellos al menos tres tardes a la semana.

Una vez que he definido mis valores, viene la tarea más difícil: soltar todo lo demás. Ya no me exijo a mí misma que mis hijos no coman ni un gramo de azúcar o que nunca vean la tele, porque eso, al menos en mi manera de funcionar, es imposible.

Y tal cosa no significa que entonces haya barra libre de chucherías y series en Netflix. Soy cuidadosa en estas cosas porque son importantes en mi forma de entender la crianza. Pero **actúo de una manera mucho más flexible y soy respetuosa conmigo misma** cuando un día puntual ven más televisión de la que me gustaría.

Ya no me siento culpable siempre, porque sé que, según mis valores, lo estoy haciendo bien.

Recuerda seguir estos pasos cuando venga a verte la ambigüedad:

- **Detecta en qué área de tu vida sientes más culpabilidad.** Por ejemplo, en el trabajo.
- **Observa qué es lo que te estás exigiendo a ti misma**. Por ejemplo, ser la mejor trabajadora.
- **Haz el trabajo en valores.** Define cuáles son los tres valores más importantes para considerarte buena trabajadora. Por ejemplo, llegar cada día puntual, esforzarte por participar en las reuniones exponiendo al menos una reflexión y presentar una propuesta novedosa al mes.
- Una vez definido qué es ser buena trabajadora para ti, **suelta todo lo demás**. No te exijas a ti misma ser creativa cada día o quedarte en el trabajo hasta altas horas de la madrugada.
- **Sé flexible y compasiva contigo.** En vez de machacarte por haber cometido un error, piensa de qué forma puedes hacerlo mejor mañana.

Una vez que domines esta técnica, puedes ir poco a poco incluyendo nuevos valores importantes. Intenta que no sea una lista interminable y que los valores que te propongas sean lo más concretos posible. La amabilidad hacia ti misma nunca debe faltar. Acepta que muchas veces la realidad se nos escapa de las manos y es imposible controlarlo todo.

Podría decirte que hacer lo que puedes es suficiente, pero entiendo que a veces no se siente así. Lo que sí puedo asegurarte es que, después de trabajar en alinear tus acciones con tus valores, lo que hagas realmente será suficiente, porque estará en coherencia con lo que es importante para ti.

El efecto Pratfall

En el campo de la psicología social existen experimentos fascinantes, como el realizado por el psicólogo Elliot Aronson, conocido como el efecto Pratfall. Aronson investigaba qué factores hacían que una persona resultara más simpática o atractiva que otra.

De forma resumida, el experimento mostraba cómo dos actores respondían correctamente a unas preguntas. En un momento, uno de ellos se derramaba el café encima. Cuando valoraban cuál de los dos actores había despertado más simpatía, se dieron cuenta de que las personas perciben más simpatía por las personas competentes (que responden bien a las preguntas). Sin embargo, cuando además cometen un pequeño error, como derramar café, se las percibe como más humanas y reales, lo que aumenta aún más su atractivo y simpatía.

Lo que podemos aprender del efecto Pratfall es que **el perfeccionismo extremo puede crear una barrera y alejar a los demás.** En cambio, mostrar vulnerabilidades nos hace humanos, lo que permite que parezcamos más simpáticos y que los demás nos acepten.

La rigidez

No sé si alguna vez te has considerado una persona rígida. La rigidez es un rasgo de personalidad que implica **dificultad para adaptar tus pensamientos o acciones según las circunstancias.** A menudo te afecta en tus creencias profundas, como tu visión de ti misma o del mundo, pero también puede influir en situaciones más cotidianas, como discutir con un amigo sobre quién tiene la razón. Cuando la rigidez es extrema, nos cuesta ser flexibles y no logramos ajustar nuestras ideas o comportamientos a las circunstancias externas, lo que dificulta nuestra adaptación al entorno.

Por ejemplo, imagina que cada mañana sales a correr al paseo marítimo. Siempre realizas el mismo recorrido de ida y vuelta. Pero un día te levantas y ves que está lloviendo a mares. Odias la lluvia. No te gusta la sensación de estar mojado mientras haces deporte. Pero, aun así, quieres cumplir tu promesa: salir a correr como cada día.

Las personas con tendencia a la rigidez necesitan ser fieles a sus rutinas y pensamientos y les cuesta encontrar alternativas que les cuiden más y hagan disfrutar, siguen sus propósitos sin tener en cuenta sus propias necesidades o las de su entorno; en el ejemplo dado, salen a correr a pesar de saber que pasarán frío y molestia por llevar la ropa mojada.

Las personas flexibles son capaces de adaptar sus pensamientos según el contexto, deciden ir a correr al gimnasio o tomarse un descanso el día que está cayendo una lluvia torrencial.

Vivir de esta forma les ayuda a disminuir el sentimiento de frustración que implica seguir haciendo siempre lo mismo, aun cuando las circunstancias te dan la espalda.

Es probable que la rigidez sea un tema que trabajar para ti si...

- **Tienes ideas muy claras y categóricas** sobre ti misma y el mundo.
- **Te cuesta cambiar de opinión.**
- **Tienes ideas fijas sobre cómo deben funcionar las cosas y te cuesta adaptarte** cuando las circunstancias cambian.
- **Te enfadas si las cosas no salen como esperas.**
- **Te cuesta la improvisación,** necesitas tenerlo todo controlado.
- **No llevas bien la incertidumbre,** te cuesta acostumbrarte a los cambios.

LOS AMIGOS DE LA AUTOEXIGENCIA

Era el año 2016 cuando me independicé. En ese momento, como todos, me di cuenta de lo caro que era todo. Empecé a comparar los productos en distintos súper y hacía una ruta para comprar lo que necesitaba en diferentes tiendas para ahorrarme algunos céntimos. Años más tarde tuve mi primer hijo y esa tarea se empezó a complicar. Me generaba mucho estrés encontrar el momento de ir a comprar a diferentes sitios. No tenía tiempo. Ni tampoco energía. Pero yo seguía haciendo lo que había hecho «siempre».

En ese momento mi pensamiento no se estaba adaptando a mi nueva etapa vital. Ahorrarme unos céntimos tenía un coste muy alto. Como siempre, conversando con mi sabia madre, me dijo que lo más importante en esta vida es hacérnosla fácil. ¿Te merece la pena gastar treinta minutos más de tu tiempo para ir a un súper que está a veinte minutos andando y ahorrarte veinte céntimos en el papel higiénico? Estaba claro que no.

*Desde ese momento aplico siempre este mantra a mi vida: **hazte la vida fácil**. Siempre que voy a tomar una decisión me pregunto: ¿es esta la forma más fácil de hacerlo? ¿Podría complicarme menos la vida?*

A estas alturas quizá te estás preguntando qué tiene que ver la rigidez con la autoexigencia. A las personas que somos muy exigentes nos cuesta la flexibilidad. Tendemos a ponernos propósitos y los queremos cumplir a toda costa. Tenemos dificultades para escuchar a nuestro cuerpo y autocuidarnos en el momento en el que lo necesitamos.

Cuando estaba preparando la oposición, decidí que estudiaría ocho horas al día, seis días a la semana. No importaba si tenía fiebre, llovía, estaba cansada o sentía ansiedad. ¿Adivinas lo que ocurrió? Sí, iba a la biblioteca, pero después de dos meses cumpliendo ese horario de manera estricta y casi sin descansos, mi productividad se desplomó: solo estaba calentando la silla. Mi capacidad de concentración había desaparecido.

La rigidez me había pasado factura. Necesitaba ajustar mi planificación a mi estado físico y mental, porque de lo contrario, esa autoexigencia que inicialmente me motivaba a alcanzar mi objetivo se había transformado en un obstáculo, convirtiendo el tiempo de estudio en tiempo perdido.

Fomentar la flexibilidad es una de las mayores virtudes que podemos desarrollar. No solo nos ayuda a tener más éxito, sino también a disfrutar y cuidarnos durante el proceso.

Cómo fomentar la flexibilidad

Aprender a ser más flexibles no es una tarea difícil si sabes cómo hacerlo. Si la flexibilidad fuera una receta, esta contendría **pensamiento en escala de grises y bajas expectativas**. ¿Te resulta apetecible?

LOS AMIGOS DE LA AUTOEXIGENCIA

Para relajar nuestra rigidez es importante no ver el mundo en blanco o negro. Si solo vemos un camino posible para conseguir lo que queremos, o pensamos que existe una única verdad, sufriremos mucho y nos costará empatizar y no tener conflictos con nuestro entorno.

Por lo tanto, **el primer paso es entender que la vida es compleja**. Existen muchas rutas para llegar a un mismo lugar y hemos de escoger, de entre todas, la que más nos divierta y más bienestar nos genere. Además, cuando comprendes que hay casi tantas verdades como formas de entender el mundo, ya no te aferras a tus creencias para defender tus opiniones, sino que eres capaz de escuchar otros puntos de vista y aprender de ellos. A esto se le llama tener la mente abierta y pasa por entender que no todo lo que pensamos se corresponde con la realidad.

El beneficio principal es que nuestro mundo se enriquece al instante, aumentamos nuestra capacidad de empatizar con los demás y con nosotras mismas y disminuimos la frustración al entrar en menos conflictos.

El segundo paso es reducir al mínimo las expectativas. Intentar no hacerte ideas muy fijas sobre lo que quieres que ocurra en el futuro y abrazar la incertidumbre de lo que te trae la vida. Cuanta mayor sea tu capacidad de adaptación, más ligera te sentirás y más rápido podrás hacerte a la nueva situación.

¿Preparada para ser flexible?

Una rigidez especial: tu personalidad

En terapia, a menudo me encuentro con un tipo de rigidez que causa un gran sufrimiento: la rigidez en cómo nos percibimos a nosotras mismas.

Un autor destacado en psicología, Linville (1985), propuso la teoría de la complejidad del *self*, que sugiere que la riqueza de la personalidad se mide, en parte, por la cantidad de estructuras o facetas que la componen y, en parte, por cuántos aspectos comparten esas facetas entre sí. Esta teoría subraya la importancia de tener una visión multifacética de uno mismo para evitar caer en una autopercepción rígida y limitante.

Con el ejemplo lo entenderás mejor:

EL CASO DE ELI Y CAROL

El autoconcepto de Eli:

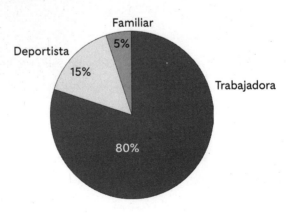

LOS AMIGOS DE LA AUTOEXIGENCIA

Eli es jefa de la empresa familiar, que se dedica a vender equipamiento deportivo, y, como ves, tiene una estructura de personalidad más bien sencilla.

Como puedes ver, su personalidad tiene muy pocos compartimentos, y, por otro lado, están muy relacionados entre ellos. Si Eli perdiera el trabajo mañana, esto afectaría a una proporción considerable de su autoconcepto. Y tendría más probabilidad de tener reacciones afectivas de más intensidad, por ejemplo, tendría más probabilidad de deprimirse.

El autoconcepto de Carol:

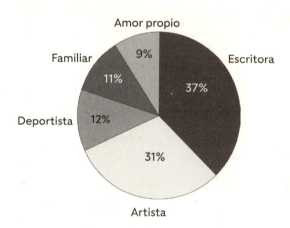

Carol, en cambio, tiene una estructura de personalidad compleja. Su autoconcepto se divide en muchos compartimentos y estos están poco relacionados entre ellos. Trabaja como escritora, además da clases particulares de arte a los niños por las tardes. Le gusta salir a la montaña con su familia los fines de semana y, de vez en cuando, disfrutar de una cena y sesión de cine sola.

La personalidad de Carol es mucho más compleja porque está compuesta por más compartimentos y, además, no están muy entremezclados entre ellos. Si mañana Carol perdiera su trabajo, no tendría reacciones emocionales tan intensas porque las demás áreas intactas sostendrían su autoconcepto.

¿Qué podemos aprender de Eli y Carol? Está claro que tener un concepto de una misma más complejo, es decir, valorarnos por distintos aspectos de nuestra personalidad, es una forma de aumentar nuestra flexibilidad y no jugárnoslo todo a una carta. Además, que estas facetas estén poco entremezcladas entre sí nos funciona de salvavidas cuando un área de nuestra vida se va a pique.

Recuerda que hacer este trabajo de autoconocimiento puede ayudarte a ser menos rígida contigo misma y, por lo tanto, a sentirte mejor.

El control

Durante una época de mi vida quise tenerlo todo controlado. En mi mente había concebido un plan perfecto sobre cómo quería que se desarrollara mi vida, y me frustraba mucho ver cómo ciertas cosas importantes para mí no se cumplían o estaban más lejos de lo que yo me esperaba.

LOS AMIGOS DE LA AUTOEXIGENCIA

También intentaba controlar aspectos de mi personalidad. Escondía partes de mí que no me gustaban y reprimía las emociones que me hacían perder el control.

Paradójicamente esa necesidad de control me llevó a perder el control en algunas situaciones. Recuerdo una comida con mis amigas de la universidad en la que, sin razón aparente, estallé en llanto y cólera. Mi cuerpo funcionaba como una olla a presión y estallaba cuando el malestar ya era insoportable. Las personas solemos ejercer control en dos aspectos: con nuestro entorno y hacia nosotras mismas.

Aplicamos control en nuestro entorno cuando queremos que las cosas salgan de una determinada manera. Cuando sobreorganizamos o cuando exigimos a los demás que se comporten como nosotras queremos.

Aplicamos autocontrol cuando mostramos una parte seleccionada de nosotras y reprimimos todo aquello que no va en consonancia con la imagen que queremos que tengan los demás.

Para llevar a cabo este último tipo de control, necesitamos una dosis alta de autoexigencia. Nos exigimos mostrar una parte de nosotras controlada, donde abunden las virtudes y se escondan los defectos. Este autodominio no es nada fácil, y demuestra nuestro profundo miedo a ser rechazadas por los demás.

No nos vamos a engañar, cierto grado de autocontrol es necesario, porque la falta de control de impulsos puede generarte muchos problemas contigo misma y con los demás. Pero **cuando este control se vuelve extremo, va acompañado de altos niveles de estrés y ansiedad.**

La clave es llevar a cabo un control flexible.

¿Que cómo se hace eso? ¡Atenta! Cuando tenemos tendencia a controlar mucho nuestro entorno, es común que no nos llevemos bien con la improvisación y necesitemos tenerlo todo organizado. Nos sentiremos bien cuando todo vaya según lo planeado, pero nos generará mucha ansiedad que las cosas no salgan según lo previsto.

Para esto es bueno aplicar un control flexible. Es decir, **tener cierta organización, pero dejar un espacio en la agenda para la improvisación.** Es importante no vivir los cambios de planes como un fracaso o la anticipación de que algo malo va a ocurrir. Tener capacidad de adaptación significa soltar lo que ya no va a poder ser y no quedarte enganchada ahí.

Llevar a cabo el control flexible con nosotras mismas también es un gran reto. Es evidente que no vas a enseñar la parte de ti bromista en una reunión seria de trabajo, en este caso el autocontrol te ayuda a mostrar una actitud adecuada a la situación. Pero a veces controlamos partes de nosotras en ambientes en los que no es necesario y eso nos hace ser percibidos como demasiado perfeccionistas o rígidos.

Trabajar la flexibilidad es tan sencillo como mostrarnos como nosotras mismas. Dejar fluir nuestra personalidad y dejar un poco de lado el control. De esta manera podremos sentirnos más relajadas y disfrutaremos de estar en compañía. Para las personas que tienen características perfeccionistas, rígidas y controladoras, esto puede convertirse en una misión difícil, pero no imposible.

LOS AMIGOS DE LA AUTOEXIGENCIA

¿Recuerdas en el capítulo 2 cuando nombré la importancia de ser fiel a una misma? Releer el apartado «La autoexigencia conmigo misma» te puede ayudar a tener herramientas para ser más flexible contigo.

El control de las emociones

Si hay un área en la que el control nos hace más daño esta sería en el control de nuestras emociones. Todos sabemos que la educación emocional es una asignatura pendiente, a menudo les damos rienda suelta a las emociones de bienestar como la alegría, la satisfacción, pero cuando aparecen emociones incómodas tenemos tendencia a ejercer control sobre ellas.

Cuántas veces habremos respirado profundo para evitar que nos caiga una lágrima o habremos apretado fuerte los dientes para no soltar un grito. Como hemos dicho antes, **cierto grado de autocontrol es positivo,** porque quizá no es muy adecuado que suelte una carcajada en medio de un entierro. Pero cuando este control adquiere mucho poder, altera el funcionamiento normal de cuerpo y mente.

Aprender a gestionar las emociones es una de las demandas más comunes a la hora de iniciar psicoterapia. Así que no es para menos que ocupe su propio apartado en este libro. ¡Allá vamos!

4

LAS EMOCIONES DE **LA** **AUTOEXIGENCIA**

Debido a toda la presión que ejercen hacia ellas mismas, las personas autoexigentes experimentan un cierto tipo de emociones. Las más comunes son:

La ansiedad. Esta emoción es muy amplia y puede darse por múltiples motivos. Pero hoy aquí estamos para hablar de un subtipo muy concreto: la ansiedad en las personas muy autoexigentes. Como ya hemos dicho, es común que se propongan objetivos muy abstractos, por ejemplo, ser feliz, lo que da una sensación de incontrolabilidad y de no llegar nunca que genera ansiedad.

¿Cuántas veces te has propuesto comer mejor o hacer más deporte? A menudo estos propósitos nos generan ansiedad porque *siempre* podemos mejorar nuestra alimentación o esforzarnos más en ejercitar nuestro cuerpo. Esto nos hace estar en un estado de ansiedad permanente donde **siempre nos da la sensación de que no es suficiente, de que podríamos hacerlo mejor.**

Mi consejo

Recuerda que tu ansiedad disminuirá si te esfuerzas en ponerte objetivos concretos.

Procura seguir la estrategia que ya hemos abordado antes, es decir, en vez de pensar «quiero ser feliz», puedes aterrizar lo que significa ser feliz para ti. Pregúntate:

- ¿Qué te hace feliz en cada área de tu vida?
- ¿Qué pequeñas acciones puedes hacer para sentirte mejor en cada parcela de tu día a día?

Una vez que hayas hecho estas pequeñas acciones **párate a saborear el momento y recompénsate por el esfuerzo.**

Por ejemplo: imagínate que haciendo este análisis te das cuenta de que necesitas cambiar de trabajo para ser más feliz. Si es el caso, te animo a desglosar

> en pequeños pasos todo lo que necesitas para cambiar de trabajo: hacer el currículum, por ejemplo.
>
> Para ello, resérvate un par de días en una semana y llévalo a cabo. Luego déjate un día de descanso en el que no hagas nada relacionado con buscar trabajo y simplemente dedícalo a un plan que te guste y te llene de energía.

Otra característica de las personas autoexigentes que presentan ansiedad es que **tienden a anticipar su realidad de forma negativa.** Suelen creer que hay una alta probabilidad de que todo salga mal o se preocupan de forma excesiva. Lo más difícil es que habitualmente se trata de un comportamiento automático, parece que nuestra mente va tan deprisa que antes de darnos cuenta ya ha lanzado múltiples escenarios catastróficos que nos generan ansiedad. ¿Por qué hace eso nuestra cabeza?

Aquí aparece de nuevo nuestro querido control.

**Anticipar la realidad de forma
negativa es una forma de ejercer
control sobre nuestro futuro.**

Es un mecanismo primitivo que ha servido a nuestros ancestros para asegurarse la supervivencia, pero que ahora, en el mundo como lo conocemos, ya no tiene tanto sentido.

Mi consejo

Te voy a enseñar una técnica para poder ayudar a nuestra mente a recalcularse y ser más realista a la hora de anticipar peligros. Se llama «**pensamiento neutro**».

De lo que se trata con este tipo de pensamiento es de **encontrar un punto medio entre el pensamiento negativo y el positivo.** A veces cuando somos personas muy pesimistas creemos que la solución está en convertirnos en personas positivas. Sin embargo, a menudo el pensamiento positivo también puede generarnos malestar.

Por ejemplo, imagínate que has estudiado mucho para un examen. Si eres una persona muy positiva, puedes decir: «¡Seguro que apruebo!»; en cambio, si eres más bien pesimista, tus palabras se parecerán más a algo como: «El examen me irá fatal».

Si analizas la realidad, te darás cuenta de que, aunque si has estudiado es probable que el examen te vaya bien, la verdad es que no puedes adelantar el resultado porque te falta el factor más importante: ver cómo es el examen. **El pensamiento neutro te anima a ser sincera contigo misma y aprender a abrazar la incertidumbre**: «No sé cómo me irá el examen, pero yo he estudiado mucho».

> Te animo a que pongas en práctica este tipo de pensamiento en tu día a día.
>
> Si tiendes a anticipar tu realidad de forma negativa, debes saber que tu mente solo intenta protegerte de un posible peligro. Pero si convertimos esto en sobreprotección, nos hace sentir mal y nos bloquea.
>
> Quizá es momento de poner consciencia y neutralizar nuestro pensamiento.

El enfado. Debido a su alto grado de perfeccionismo, rigidez y control, las personas autoexigentes suelen experimentar mucho enfado. Con ellas mismas y con los demás, por no ser suficiente, o cuando las cosas no salen como ellas esperan y quieren.

El enfado en estos casos puede tener una peculiaridad, y es que cuando además de exigentes se trata de personas perfeccionistas y controladoras, este enfado no suele proyectarse hacia el exterior, sino que es un enfado reprimido. Por este motivo, suelen ser personas sensibles a ciertas dolencias como dolores de cabeza, de mandíbula, problemas digestivos o dermatológicos. A menudo no han podido expresar su enfado y este «se ha quedado dentro», sometiendo al cuerpo a un estrés capaz de estallar en cualquier momento.

A esto se le denomina «ira interiorizada» y funciona así:

1. Durante mi vida cotidiana hay diferentes situaciones que me enfadan, y
2. como me cuesta expresar esta emoción, ya sea porque no me gustan los conflictos o porque en mi familia no se permitía el enfado, tiendo a reprimir mis sentimientos, así que,
3. cuando algo me enfada, hago de tripas corazón y no lo expreso.
4. Poco a poco este enfado se va acumulando y un día, ante una mínima fricción o problema, exploto, de manera que
5. a ojos externos no se comprende cómo semejante estímulo ha desencadenado una reacción tan desproporcionada.

Si observamos más de cerca, veremos que son múltiples enfados reprimidos los que salen a la luz en ese mismo momento.

Como consecuencia de haber estallado, me siento terriblemente mal y aparece en escena la culpa, de la que ahora hablaremos.

El enfado es una emoción primaria necesaria para nuestra supervivencia. Nos indica el camino de nuestras necesidades y nos muestra lo que es injusto, nos daña o nos incomoda.

Es importante reconciliarse con la ira y darle un lugar. Reconocerla, validarla y poder acompañarnos en ella.

Mi consejo

A menudo no nos permitimos expresar la ira porque nos da miedo perder el control, tener una reacción desproporcionada o decir algo de lo que después nos podemos arrepentir. Expresar la ira mediante gritos, insultos o contacto físico serían formas no respetuosas para una misma y los demás. Pero hoy vengo a contarte que **hay formas de expresar la ira de manera respetuosa.**

De lo que se trata es de **sacar la energía del enfado fuera.** Encontrar un espacio donde poder gritar al vacío, realizar deporte (como el boxeo, por ejemplo), pintar sin control en una hoja o dar golpes al sofá con un cojín serían formas respetuosas de expresar el enfado. Algunas de estas estrategias pueden parecerte ridículas, pero funcionan.

La culpa. No hay ninguna duda de que el alto nivel de autoexigencia va íntimamente ligado a un alto nivel de culpabilidad. La culpa es una emoción compleja, pero para entenderla de una forma sencilla, podemos decir que aparece cuando nuestro cuerpo quiere avisarnos de que hay algo que hemos hecho «mal».

Lo que la culpa pretende es que cumplamos ciertas normas preestablecidas para que, de esta manera, nuestra pertenencia al grupo no peligre y, por lo tanto, tengamos más probabilidades de sobrevivir. Las consecuencias de tener atrofiado este sentimiento son muy altas. En un extremo en el que careciéramos por completo de ella, encontraríamos a las personas psicópatas. Eso hace que, aunque muchas distinguen perfectamente entre el bien y el mal, no sienten emociones desagradables cuando hacen daño a los demás.

En el otro extremo tendríamos a las personas que se sienten excesivamente culpables. Aunque de forma objetiva no se observen motivos que justifiquen la aparición de esta emoción, a menudo se siente culpa (aunque no haya, insisto, ninguna realidad que la cause). Este tipo de culpa es muy paralizadora y nos hace sentir terriblemente mal, impidiéndonos, muchas veces, disfrutar del presente.

Existen algunas formas de aliviar la culpa cuando está justificada. Una de ellas es poder reparar el acto que la ha causado. Por ejemplo, recoger un vaso que se nos ha roto. Pero las situaciones que causan culpa no siempre son tan sencillas de reparar.

Podemos encontrarnos que la situación que nos genera culpa no se puede reparar. Por lo general, se trata de eventos situados en el pasado y que no tienen remedio, es decir, que nada de lo que hagamos puede ya alterar el resultado. Por ejemplo, cuando un médico comete una negligencia, o la muerte de un hijo en un accidente doméstico.

LAS EMOCIONES DE LA AUTOEXIGENCIA

En estos casos la culpa es una emoción comprensible que nos señala que hay cosas que desearíamos haber hecho diferente porque las consecuencias realmente fueron terroríficas y cambiaron de manera drástica nuestras vidas o las de otras personas.

Sin embargo, incluso en estos casos el sentimiento de culpa se puede trabajar. A menudo nos lo encontramos en terapia y, al tratarse de situaciones que no permiten repararse directamente, se elabora una reparación simbólica. Por ejemplo, en el primero de los casos, se podría ayudar al equipo médico a cambiar los protocolos para que ocurran menos negligencias y redactar una carta de disculpa a la familia.

Pero ¿qué pasa cuando las personas sienten culpa constantemente sin que en apariencia hayan hecho nada? Ya hace muchos años los psicoanalíticos denominaron este tipo de comportamiento como **culpa «neurótica».** ¿Te sientes identificada? ¡Atenta a sus características!

- **Personas que revisan mucho su pasado:** suelen repasar en su cabeza en exceso lo que han vivido a lo largo de su vida y la culpa les surge de pensar que podrían haber hecho las cosas de manera diferente.
- **Personas que se han criado en entornos muy religiosos** en los que están muy marcadas las creencias del bien y el mal. En estos casos es común sentir culpa, ya que no existen escala de grises en la valoración de los actos, sino que hay cosas buenas y malas, y esta dicotomía tan marcada contribuye a que se sienta culpa con mucha facilidad.

- **Personas muy autoexigentes:** se trata de aquellos que suelen exigirse rendir de acuerdo a un determinado estándar o quieren mostrarse al mundo de una determinada manera. La culpabilidad aparece si me he propuesto ir al gimnasio cinco días a la semana y «solo» voy cuatro. O si quiero esforzarme por ser extrovertida pero la timidez me ha bloqueado.

Sentir culpa en pequeñas dosis nos puede motivar: por ejemplo, podemos decidir ir a terapia si el pasado nos abruma, o si queremos perder la vergüenza, apuntarnos a teatro. Pero cuando esta culpa es tan intensa que nos bloquea y no nos permite sentir otras emociones, como la alegría o el agradecimiento, es momento de empezar a trabajarla.

Mi consejo

Es importante aprender a regular la culpa. Partiendo de la base de que es una emoción imprescindible, necesitamos aprender a interpretarla para poder usarla a nuestro favor. Que la culpa domine gran parte de mis emociones es señal de que necesito hacer un trabajo en valores para poder determinar qué cosas son importantes para mí y quiero cumplir y cuáles no.

LAS EMOCIONES DE LA AUTOEXIGENCIA

Si te fijas, la vida está llena de normas que nos ayudan a saber qué cosas podemos o no hacer, y aunque con algunas puedes estar más de acuerdo que con otras, todos sabemos que, por ejemplo, robar, conducir en dirección prohibida o estropear espacios públicos son cosas que no están aceptadas en nuestra sociedad y pueden contribuir a que se nos discrimine o castigue. Sin embargo, hay situaciones por las que sentimos culpa que son más subjetivas. Hoy te invito a crear esas «normas internas» para poder poner un poco de objetividad a esa culpa tan abstracta que sentimos a veces.

Las normas internas se crean a partir de los valores. Hacer un trabajo en valores es imprescindible para poder acompañarnos en nuestras emociones. ¿Recuerdas que ya comenté esta técnica cuando abordamos el perfeccionismo? Puedes revisarlo en la página 142.

Cuando tú hayas aplicado esta técnica (que recuerda que los valores tienen que ver con lo que es importante para ti, y no lo que la sociedad considera que es importante), sentirás culpa cuando no cumplas estos valores y entonces puedes hacer dos cosas:

- **Flagelarte por tu equivocación.** Pensar que eres mala persona y repasar una y otra vez en tu cabeza lo mal que lo haces y que te mereces sentirte así.

> - **Pensar cómo puedes hacerlo distinto** la siguiente semana. Reconocer la culpa y validarla, pero no anclarte en ella, sino usarla como motor para cambiar las cosas y que tu realidad vaya en consonancia con los valores que te has marcado.
>
> Por ejemplo, si una semana tengo mucho trabajo y no he podido estar tan presente con mi pareja como me gustaría, cojo este sentimiento como guía para organizarme mejor la siguiente semana y dar la presencia que he considerado esencial en relación de pareja.
> Ni falta hace decir que estos valores deben ser lo más concretos posible y además han de ser flexibles e ir actualizándose con el tiempo.
> Desde que hice este trabajo en valores me siento mucho más ligera de culpa. ¿Cuál será la primera área de tu vida donde pondrás en práctica este ejercicio?

La tristeza. Es una emoción que nos invita a refugiarnos hacia dentro, su función es generarnos dolor emocional para indicarnos que hemos perdido algo que era importante. De esta forma, la emoción nos invita a reflexionar y nos sirve de motivación para cambiar algo que nos genera dolor, ya que a las personas no nos gusta estar tristes y por ello intentaremos hacer lo posible por sentirnos mejor.

LAS EMOCIONES DE LA AUTOEXIGENCIA

La tristeza puede estar generada por muchas situaciones, pero hoy nos centraremos en la tristeza que está más relacionada con la autoexigencia.

Cuando somos muy exigentes con nosotras mismas nos esforzamos mucho por cumplir unas determinadas expectativas. A menudo, estas son tan altas o tan abstractas que no conseguimos llegar a cumplirlas.

Esto puede producirnos mucha tristeza debido también al agotamiento que provoca haber puesto mucho esfuerzo en cumplir algo sin llegar a conseguirlo.

A estas alturas del libro, ya sabrás que yo me presenté a una oposición. Y que no me la saqué. Cuando en el tercer año me quedé a dos plazas de conseguirlo, me sobrevino una tristeza tremenda. Era tal la autoexigencia que había empleado en conseguir mi objetivo, eran tan altas las expectativas que yo tenía con ese resultado, que cuando me quedé a las puertas tuve que hacer el duelo de un sueño perdido.

Me sentía muy triste por dos motivos. Por un lado, apareció **la tristeza como señal de agotamiento,** había dedicado demasiada energía a la oposición y mi cuerpo me estaba enviando una señal de alarma de que había obviado todo aquello que me cuidaba y me hacía feliz. Ya no salía, ni leía por puro placer, tampoco hacía ejercicio ni veía mi serie favorita. Por otro lado, la tristeza me indicaba que **había perdido algo importante para mí:** había perdido la posibilidad de trabajar en aquello que me apasionaba.

Mi consejo

La sociedad siempre nos ha empujado a pasar página cuando aparece la tristeza: «Supéralo», «ya lo intentarás otro año», «no se acaba el mundo»..., cosa que solo nos invita a reprimir nuestros sentimientos y hacer de tripas corazón en nuestro sentir.

Pero esto tiene graves consecuencias en nuestro organismo: la somatización, que ya hemos abordado, y yo tenía claro que eso no es lo que quería para mí.

Hay formas respetuosas con una misma de gestionar la tristeza, que por lo general tienen que ver con expresarla y sacarla fuera. Desde escribir, componer canciones, compartir cómo te sientes con tus seres queridos, ir a terapia, llorar... Como ves, hay infinidad de formas y todas son válidas. Si haces este trabajo de expresión, la tristeza tiende a aliviarse y dar paso a otras emociones.

En este apartado hemos ido haciendo el recorrido de las emociones más comunes que aparecen en una persona muy autoexigente. También te he dado *tips* para que aprendas a tener una relación más respetuosa con tus emociones. Pero a veces, a pesar de todo esto, las emociones desagradables nos superan y sentimos que no podemos más. Y es en ese momento en el que, por desgracia, algunas personas no consiguen ver salida a su dolor y se plantean dejar de sufrir, aunque ello implique poner fin a su vida.

¿Cómo tenemos la autoestima las personas autoexigentes?

Uno de los motivos de consulta más frecuentes en terapia es la preocupación de algunas personas por tener una autoestima baja. Cuando aparece este tema, yo siempre pregunto: ¿por qué crees que tienes autoestima baja? ¿Qué señales hay en ti que te llevan a esta conclusión?

A menudo pensamos que la autoestima se tiene o no se tiene, pero esto no es tan sencillo. Para introducir este tema es importante diferenciar dos ideas: autoconcepto y autoestima.

El **autoconcepto**, como bien dice la palabra, es la opinión que tenemos de nosotras mismas. ¿Qué características de personalidad nos atribuimos? ¿Creo que soy más bien introvertida o extrovertida? ¿Me considero inteligente? ¿Tengo sentido del humor? Es muy importante comprender este paso porque muchas veces el problema no es que tengamos baja autoestima, sino que nuestro autoconcepto no se ajusta a la realidad.

Por ejemplo, pienso que soy poco inteligente pero mis actos y experiencia demuestran todo lo contrario. Por lo tanto, el **primer paso es analizar si el autoconcepto que tengo de mí se** adecua a quien soy verdaderamente. Para comprobarlo puedo usar algunas estrategias, como pedirle a mi entorno que me describa o reflexionar junto a mi terapeuta.

Uno de los errores habituales, que ya hemos comentado en anteriores capítulos, es tener un autoconcepto demasiado pobre. Es decir, definirme por muy pocos atributos o muy rígidos. Por ejemplo, pienso que soy una persona tímida e introvertida y eso es lo único que me define. Eso me hace sufrir mucho y en consecuencia me hace quererme poco (tener baja autoestima).

La clave es tener un autoconcepto abundante y rico. Conocerme en toda mi complejidad, con mis luces y mis sombras.

Tener una idea clara de quiénes somos nos gusta porque nos transmite cierta sensación de control. Pero para sentir que controlamos nuestra realidad a veces pagamos un precio muy alto. He visto muchas mujeres en consulta definiéndose a sí mismas de forma muy categórica e inamovible. Por ejemplo, muchas se consideran inseguras. Cuando empezamos a analizar qué significa ser inseguras para ellas y les pido que me pongan ejemplos, me doy cuenta de que cogen una o dos áreas en su vida en las que no sienten control y generalizan esa sensación a las demás.

Con normalidad, cuando rebuscamos, evidentemente hay

áreas y facetas de su vida en las que se sienten seguras. Y es sumamente injusto que se valoren de una forma parcial, porque eso les produce mucho malestar y en consecuencia deriva en una baja autoestima. **Es entonces cuando empezamos a trabajar la idea de que lo que creemos que somos quizá no es tan real.** El objetivo es ampliar la forma en que percibimos nuestro autoconcepto, darnos la oportunidad de conocernos de nuevo y explorarnos en todas las facetas de nuestra vida sin ponernos etiquetas sobre lo que somos o dejamos de ser.

Quizá se descubra que no eres tan insegura, inestable y rígida como crees, porque te muestras segura, serena y flexible en muchas situaciones. Dales valor.

¿Estás preparada para concebirte de una forma más fluida? Eso te hará perder sensación de control, pero quizá te sientas más viva y mejor contigo misma.

Como ves, qué autoconcepto tengamos de nosotras mismas tiene mucho que ver con nuestro nivel de autoestima. Una vez que hayas analizado cuál es tu autoconcepto y este sea rico y adecuado a la realidad de cómo eres, ya podemos darle paso a la autoestima.

La autoestima es el grado en que me quiero a mí misma. Si mi autoconcepto es pobre (es decir, tiene muy pocos atributos) y peyorativo, mi autoestima será muy baja en consecuencia. En cambio, **si mi autoconcepto es rico y respetuoso conmigo, mi autoestima será más alta.** Parece fácil, ¿verdad? Sé que no es tan sencillo porque hablamos de un tema que nos remueve mucho: la relación con nosotras mismas.

A menudo las personas tenemos una autoestima frágil, es decir, el amor hacia nosotras mismas no es fuerte, **sino que está muy condicionado por la opinión de los demás.** Cuando me felicitan en el trabajo me siento muy bien conmigo misma, pero cuando mi pareja se enfada conmigo me hundo y pienso que no valgo para nada.

Estoy en una constante montaña rusa en la que a momentos me quiero y a momentos me desprecio. Esto genera gran inestabilidad emocional y nos condiciona mucho porque a la mínima crítica nos venimos abajo.

El trabajo consiste en transformar una autoestima frágil en una robusta. Sé que tienes muchas ganas de saber cómo se hace esto, pero fíjate en que parte del proceso ya lo hemos descubierto.

Primero, como ya hemos ido comentando, hemos de reflexionar sobre nuestro autoconcepto. Si me cuesta entender cómo soy o creo que todo lo que me define es malo, quizá es momento de empezar terapia para que puedas reflexionar sobre todos estos aspectos.

Tener claro tu autoconcepto y que este sea equilibrado es vital para que tu autoestima no sea frágil, porque cuanto más segura estés de quién eres, menos dependerás de los demás para que validen tus capacidades o te recuerden tus sombras.

Me voy a poner a mí como ejemplo para ilustrarte todo lo que te he contado hasta ahora.

Cuando era pequeña, la inteligencia era muy importante para mí. Me costaba mucho estudiar y a menudo suspendía matemáticas e inglés. Literalmente, no entendía esas asignaturas. Eso me hacía sentir «tonta» y en consecuencia tenía la autoestima muy bajita. Con el tiempo y mucho trabajo empecé a conocerme. ¿Qué cosas se me daban bien? ¿Cuáles no? ¿Qué es ser inteligente para mí?

Comprendí que la inteligencia va mucho más allá que saber resolver problemas matemáticos o acertar las respuestas en un listening. *La inteligencia es múltiple y se refleja en diversas áreas de nuestra vida. Claro que existe la inteligencia matemática o lingüística, pero también la musical, la corporal, la interpersonal, la emocional... Era muy poco realista de mi parte considerarme poco inteligente por tener dificultades a la hora de resolver un problema. Porque eso es absolutamente reduccionista.*

A mí siempre se me ha dado bien escribir; una vez, incluso seleccionaron mi escrito como el mejor de la clase y mi colegio me presentó a un concurso de escritura. También soy muy inteligente emocionalmente, me muevo como pez en el agua con mis emociones y sé ponerles nombre y gestionarlas con mucha facilidad.

Poco a poco empecé a construir mi autoconcepto complejo, entendí que en algunas áreas soy más inteligente que en otras y que a todo el mundo le sucede lo mismo. Nadie es inteligente en todo. A partir de ahí, fue más fácil para mí quererme y aceptar mis virtudes y mis carencias porque estas definen cómo soy. Y está bien cómo soy, no necesito ser de otra manera.

En consecuencia, mi autoestima aumentó y se transformó de frágil a robusta. Esto ocurrió porque tengo claro quién soy y si alguien me dijera «No tienes empatía», no movería mi autoestima ni un ápice, porque me conozco y sé que eso no se corresponde con la realidad. Puede que en algunas situaciones sea más empática que en otras, eso forma parte de ser humana, pero ese hecho no cambia mi autoconcepto ni mi autoestima. Sé que soy una persona empática porque tengo mil muestras de que esto es así y una opinión puntual no puede derrumbar todo el trabajo de autoconocimiento que he estado haciendo durante años.

Espero que este ejemplo te haya ayudado. Sin duda este es uno de los trabajos más importantes para sentirnos bien con nosotras mismas. Conocerte mejor a ti misma, quererte y caerte bien es posible.

La autoestima y la autoexigencia

La autoestima de las personas autoexigentes tiene algunas peculiaridades. A menudo las personas hiperexigentes nos queremos muy poco. Esto es porque tenemos muchas expectativas en cuanto a nosotras mismas que son muy difíciles de cumplir.

Es común que nuestro autoconcepto contenga más atributos negativos, y esto viene derivado del **alto grado de autocrítica** predominante en este perfil de personalidad. Cuando la autoexigencia forma parte de tu vida de forma muy notoria, es frecuente que puedas nombrar cincuenta adjetivos descalificativos y muy pocas virtudes. Por ejemplo, «es que soy tímida, insegura, envidiosa, fea...». Hay personas que no son capaces de decir ni una sola cosa positiva de sí mismas.

Esto, evidentemente, repercute en el nivel de autoestima, que se muestra bastante bajo.

Si este tema te preocupa y quieres mejorar tu nivel de autoestima, apunta estas consideraciones:

- **No bases tu autoconcepto en términos dicotómicos.** Es decir, no te definas en los extremos, o soy inteligente o soy tonta, o soy segura o insegura. Cultiva un autoconcepto más complejo y observa que no siempre eres de la misma forma, sino que vas cambiando según tus áreas de la vida y tu momento personal. Eres más segura en unas áreas de tu vida que en otras. Y eso está bien.
- **Disminuye tu nivel de autoexigencia.** Fíjate en qué es lo que te pides a ti misma. No te estés exigiendo todo el tiempo ser de una manera diferente. Dedica tiempo a conocerte y a aceptarte. Si no te gusta algo de ti, siempre

puedes flexibilizarlo, pero no puedes convertirte en una persona que no eres.

- **Valora quién eres.** No pongas atención solo a tus carencias o aquello que quieres mejorar. Tienes muchas cosas buenas que merecen ser reconocidas. Querer constantemente ser de una forma diferente, más inteligente, guapa, segura de mí misma, extrovertida... es agotador. Invierte tiempo en valorar quién eres realmente y trabaja por aceptarte.

Por último, algo que caracteriza a las personas autoexigentes es que **valoran mucho la opinión de su entorno.** Siempre quieren estar a la altura y fomentar una buena opinión en los demás y esto hace que mayoritariamente se construyan en una autoestima frágil, porque cuando el entorno los felicita se sienten muy bien, pero cuando los critica sienten su autoestima tambalearse hasta el punto de dudar de su valía como personas.

Ser sensible a la opinión de los demás es normal. Como hemos ido viendo, es algo evolutivo, ya que para nuestra especie es muy importante el sentido de pertenencia y no vernos aislados como individuos. La aceptación del grupo es fundamental. Pero **esto no puede convertirse en dar peso solo a la opinión de los demás** y no tener criterio propio sobre nuestro autoconcepto y nuestras acciones.

Como buena persona autoexigente que soy, me siento muy identificada con este punto. Durante mucho tiempo la opinión de los demás me ha condicionado mucho. En ese momento no me conocía bien a mí misma y me fiaba más de cómo me veían los demás que de mi autoconocimiento.

La clave para superar esto fue darme la oportunidad de (re)conocerme y hacer un trabajo para flexibilizar aquello que no me gustaba de mí y aceptar aquello que forma parte de mi esencia. Y sí, escucho a mi entorno, pero también compruebo.

Las ideas de suicidio y la autoexigencia

Todos sabemos lo desagradable que puede ser sentir algunas emociones. Pero cuando estas se sienten sin descanso y nos levantamos día tras día sintiéndonos mal, pueden aparecer ideas sobre no querer seguir viviendo. A estas ideas se las denomina «ideas de suicidio». En algunos casos, **la autoexigencia extrema puede derivar en un agotamiento tan profundo que la persona ya no tenga ganas de vivir.**

Para poder entender la relación entre los dos conceptos, hemos de comprender que las personas somos conjuntos de distintas partes, como bien ilustrábamos con la teoría de la complejidad del *self* que explicábamos en capítulos anteriores.

Las personas somos complejas. Yo, por ejemplo, tengo una parte responsable y otra alocada. En algunos ambientes soy más extrovertida y en otros más introvertida. También soy muy lista en algunas áreas y completamente inepta en otras. Todas estas partes coexisten entre sí.

A veces nos sentimos mal porque estas partes entran en conflicto. Nuestra parte de autocuidado se pelea con nuestra parte autoexigente. Una pide a gritos descansar, mientras la otra suplica que aguantemos un poco más. Cuando solo prestamos atención a una parte, como, por ejemplo, a tu parte autoexigente, esta genera mucha presión en las demás partes, que intentan llamar la atención para hacerse visibles, haciéndote sentir triste o muy cansada, como forma de que pares de trabajar y puedas descansar un rato.

A veces es tal el nivel de autoexigencia que hacemos oídos sordos a todas las alarmas que nuestro cuerpo nos manda, no prestamos atención a nada más. Es probable entonces que las demás partes, agotadas, digan «hasta aquí».

Lo que sucede es que cuando atendemos la necesidad de una sola de nuestras facetas, escuchamos solo a nuestra parte autoexigente y obviamos nuestro autocuidado emocional, por ejemplo, el resto de las necesidades quedan desatendidas hasta el punto de querer emanciparse de ti. Es entonces cuando pueden aparecer las ideas de suicidio.

En resumidas cuentas, una parte ha tomado mucho protagonismo y genera mucho sufrimiento en las demás.

**Tu cuerpo te está pidiendo
que des espacio a otras partes
de ti que también necesitan
tu atención.**

Es como si las otras partes verbalizaran: «Para estar sufriendo así, prefiero dejar de vivir». No podemos vivir obviando algunas de nuestras otras facetas (aunque a veces quisiéramos eliminar algunas de ellas). Necesitamos mediar entre ellas para llegar a un equilibrio y vivir en paz. ¿Adivinas quién es la única persona que puede sentar a todas las partes y empezar a negociar?

Está claro que los pensamientos de suicidio son la respuesta a un sentimiento de sufrimiento muy agudo. **No se trata de ser cobarde o valiente. Si alguna vez has llegado a este límite, es importante que valores, a poder ser acompañada, qué partes de ti están tan desatendidas que piden a gritos un espacio para poder vivir.**

Sé cuánto dolor hay detrás de estos pensamientos y todo el estigma y la culpabilidad que generan. Pero en el fondo solo son una vía de escape a un malestar muy intenso.

Pide ayuda, no estás sola.

5

EL **EGO**

Todas nacemos con unos determinados rasgos de personalidad. Si pudiéramos averiguar qué rasgos nos conforman en el primer momento de nuestra vida, seríamos capaces de encapsular y definir en nosotras lo que llamaríamos la **esencia,** aquello que nos caracteriza sin apenas condicionamiento ni influencia del entorno.

Conforme vamos creciendo, la interacción con nuestra familia y la sociedad va moldeando estos rasgos. Algunos se potencian y otros se disminuyen o reprimen. Pongamos un ejemplo: desde pequeña, Sofía siempre fue muy extrovertida y bromista, pero su familia a menudo la reñía por no parar de hablar y en la escuela la castigaban sin ir al patio cada vez que mostraba su sentido del humor.

Poco a poco, Sofía aprendió que su entorno la aceptaba más cuando era callada y obediente, así que fue moldeando su personalidad para adaptarse a lo que la sociedad esperaba de ella.

Esa máscara que se creó para poder recibir la valoración de los demás se llama ego. **El ego es aquel disfraz que nos creamos para sentirnos más reconocidos, valorados, queridos y deseados.** Pero que, muchas veces, va en contra de quienes esencialmente somos.

No quiero tener ego

Muchas de nosotras no nos sentimos cómodas en nuestra vida adulta. Hacemos todo para intentar encajar, pero frecuentemente aparecen emociones de malestar y ansiedad o sentimos un gran vacío. No entendemos qué nos puede estar pasando.

> **Todos construimos un ego,
> algunos más grande que otros.**

Cuando desde pequeñas nos han estado castigando nuestra manera de ser y nos han condicionado para entrar dentro de determinados patrones, nuestra esencia va quedando apagada.

Esto nos genera un tremendo malestar porque cuesta mucho no ser quien una es. A menudo en terapia realizamos el trabajo de volver a conocernos y conectar con nuestra esencia. Pero este proceso no es nada fácil, porque esta máscara llamada ego nos ha ayudado a sobrevivir en muchos momentos de nuestra vida.

Por ejemplo, si desde pequeña aprendí que mis padres estaban más contentos cuando me mostraba complaciente y buena niña, eso me ayudó a conseguir que cada vez que me portaba de forma obediente o no rechistaba mis padres me valoraran y aplaudieran. En cambio, cuando me enfadaba o me quejaba, se mostraban disgustados conmigo y me castigaban. Ser buena niña me ayudó a sobrevivir en este entorno y a sentir que era importante. Mi cerebro entendió que esas dos características son vitales para sobrevivir porque hacen que nuestra manada nos quiera y no nos rechace.

Cada vez que yo, de adulta, intento poner límites o mostrarme más egoísta, aparece una gran culpa. Es la señal que el cerebro me manda para que entienda que, si sigo por ese camino, corro el peligro de quedarme sola y no sobrevivir. Es como si el cerebro no hubiera entendido que ya no somos lobos que necesitamos ser aceptados en nuestra manada y que no hay ningún depredador fuera esperándonos.

Las personas autoexigentes tenemos un gran ego

Las personas que tienen un ego más grande son aquellas que han moldeado más su manera de ser para adaptarla y encajar con lo que la sociedad espera de ellas. **A menudo suelen ser** personas muy perfeccionistas y que se exigen llegar al máximo estándar. Si te fijas, nadie se exige ser fiel a su esencia: siempre nos exigimos llegar a un lugar que nos cuesta un esfuerzo y no nos sale de forma natural. La esencia no requiere de empeño, sino que fluye y aparece de forma genuina.

Si estás esperando a que explique cómo deshacernos del ego, te diré sin rodeos que eso es imposible.

**Si no tuvieras ego, irías
desprotegida por la vida.**

Ser puramente tu esencia no te ayudaría en nada, porque la realidad es que vivimos en una sociedad y necesitamos de ella para vivir. La clave está en encontrar el punto justo de ego, para sentirnos parte de nuestra comunidad, pero que esto no eclipse quien verdaderamente somos. Si eres más de números, puedes apuntar que el equilibrio se encontraría en sentir un 70 por ciento de tu esencia y poseer un 30 por ciento de ego.

¿Cómo detecto qué es ego y qué es esencia?

Ahora voy a describirte algunas cosas que en algún momento u otro has experimentado y que tienen que ver con estar viviendo más desde el ego que desde la esencia. No se trata de juzgarte cuando las leas, sino de poner consciencia a estas partes para poder flexibilizarlas y darles amor.

Algunas señales de que estoy viviendo más desde el ego son:

- Siento culpa a menudo.
- Siento vacío.
- Me avergüenzo de mí misma.
- Lo etiqueto todo: bueno/malo; mejor/peor.
- Nunca hago suficiente.
- Tengo la necesidad de tener siempre la razón.
- No conozco mis valores.
- Me presiono y me juzgo.
- No puedo estar presente, vivo en mi mente.
- No tolero que me critiquen.
- Hablo siempre de mí, me cuesta escuchar a otros.

Como te he anticipado, lo más normal es que en algún momento u otro hayas hecho pleno. Si ahora entraras en un bucle de autojuicio y crítica, eso solo sería una muestra más del dominio que tiene el ego sobre ti.

Acepta que esto forma parte de ti y sigue leyendo para descubrir cómo puedes darle más protagonismo a tu esencia.

Algunas señales de que puedo vivir más desde mi esencia son:

- Valido y me acompaño en mis emociones.
- Siento plenitud.
- Acepto quién soy.
- Sé ver la escala de grises.
- Ya soy suficiente.
- Suelto la necesidad de tener la razón.
- Conozco mis valores.
- Me apoyo y aliento.
- Cultivo estar presente.
- Acepto que no puedo controlar lo que los demás piensen de mí.
- Sé escuchar a los demás y no siempre hablar de mí.

Pinta bien, ¿verdad? Es evidente que la vida es una mezcla de ego y esencia. Lo habitual es que haya días en los que podré estar más presente y apoyarme. Y otros sentiré un gran vacío y me juzgaré por ello.

Algo importante es que no en todos los entornos el ego se expresa de la misma forma ni en la misma intensidad. Quizá en el trabajo necesite llevar una máscara más grande para adaptarme a las exigencias de la empresa y en la relación con mi pareja pueda ser más yo misma.

Si quieres comenzar a potenciar tu esencia, nunca empieces por el área de tu vida en la que más ego

> **se active. Siempre comienza por el lugar donde te sientas más segura,** allí podrás practicar y luego lo extrapolarás a otros entornos.

Está claro que nadie nace siendo autoexigente, así que en el siguiente capítulo te voy a explicar las diferentes vías por las que nos convertimos en personas hiperexigentes con nosotras mismas.

6

¿DE DÓNDE VIENE **TANTA AUTOEXIGENCIA?**

Una de las preguntas que más me suelen hacer es si la autoexigencia se aprende o se nace con ella. Y es que, como hemos ido viendo a lo largo de este libro, no todo es tan sencillo como el blanco o el negro, sino que, en cada caso, son millones de matices de colores los que se mezclan para conformar quienes somos hoy.

Para poder entender de dónde viene tanta autoexigencia hemos de comprender que, a grandes rasgos, nuestra personalidad la conforman dos factores: el **factor genético** y el **factor ambiental**.

Durante muchos años, numerosos estudios han intentado averiguar cuál es el tanto por ciento que corresponde a cada factor, y aunque los resultados de estos estudios no son idénticos, todos coinciden en que los dos factores tienen un papel fundamental.

Todos nacemos con unos rasgos de personalidad innatos a los que algunos autores llamaron **temperamento.**

Las características de personalidad con las que damos la bienvenida al mundo forman parte de una lotería genética en la que a cada uno nos toca lo que nos toca. Por ejemplo, algunos nacemos con una mayor predisposición a la calma; mientras que otros somos más impulsivos; unos tienden a ser más reflexivos, y otros más espontáneos.

Ahora bien, una vez que este temperamento sale a la luz e interacciona con nuestro entorno, cómo nos tratan nuestros padres, qué posición de hermanos ocupamos, en qué cultura hemos nacido, estos rasgos se van moldeando para adaptarse mejor al ambiente que cada uno se ha encontrado.

Es entonces cuando se forma el **carácter**, donde aquellas características que más se han potenciado permanecen y aquello que se ha castigado o no se ha valorado queda reprimido.

Si estás leyendo este libro, puede ser que en la lotería genética te tocara «el gordo» de la excesiva exigencia. A mí me tocó también y con eso no podemos hacer nada.

Lo que sí que nos puede ayudar es comprender qué papel jugó nuestro entorno para potenciar este rasgo de personalidad con el que vinimos bajo el brazo y así analizar hasta qué punto ser de esta forma nos ayudó a sobrevivir.

Entornos que potencian la autoexigencia

Para comprender qué papel ha jugado nuestro entorno en nuestra autoexigencia es importante ubicar de qué forma las personas aprendemos a adaptarnos donde vivimos. Nuestro contexto nos condiciona mediante tres vías:

- **Directa:** mis padres son muy autoexigentes conmigo y yo aprendo que este es un valor importante.
- **Indirecta:** veo que mis padres son muy autoexigentes con ellos mismos y comprendo que mi familia me aceptará más si yo también lo soy.
- **Transmisión de información:** veo que mis vecinos elogian lo autoexigente que es su hijo y comprendo que quizá mis padres me valorarán más si me comporto de esa forma.

«Mis padres fueron muy exigentes conmigo»

Uno de los entornos que más potencia la autoexigencia es la familia. Si proviene de un contexto muy académico, es común que tienda a premiar los resultados escolares, de manera que dedicar tiempo a preparar los exámenes estará bien visto, mientras que quizá los miembros de esa familia consideren que reservar un espacio para cuidarse o descansar es sinónimo de pereza. En familias así, la autoexigencia está reconocida y muy valorada.

Con el tiempo aprendes que cuanto más te exijas a ti misma en llegar a los estándares que marca tu familia, más contentos estarán contigo y más querida te sentirás.

También puede que desde pequeña hayas observado cuán exigentes son tus padres consigo mismos o entre ellos. Puede que se hablen muy mal y se enfaden a menudo en un mar de peticiones imposibles y decepciones.

Cuando nacemos los niños y niñas no tenemos ni idea de sobrevivir en este mundo. Dependemos cien por cien de las personas adultas para alimentarnos, abrigarnos y recibir amor. Por eso otorgamos a nuestros padres una gran responsabilidad, que algunos saben llevar mejor que otros.

Como de pequeña no tienes la capacidad cognitiva para discernir lo que está bien de lo que está mal, lo que te hará prosperar en la sociedad frente a lo que te estancará, sobreentendemos que todo lo que nos enseña nuestra familia y la cultura donde vivimos es bueno para nosotros y nos ayudará a sobrevivir.

Así ocurre que, si de pequeña te trataron mal y te menospreciaron, creciste con la creencia de que merecías ese trato y que no eres digna de ser amada. Ojalá en nuestra infancia tuviéramos la capacidad de ver que no hay nada malo en nosotras y que es la mirada adulta la que ha sido injusta y dañina. Pero no tenemos esa capacidad todavía. Y para sobrevivir necesitamos el amor y reconocimiento adulto.

Es por eso por lo que el mapa sobre quiénes somos y cómo debemos relacionarnos con los demás lo aprendemos de pequeñas mayoritariamente en la intimidad de nuestro hogar.

¿DE DÓNDE VIENE TANTA AUTOEXIGENCIA?

Durante los primeros años de nuestra vida, vamos interiorizando los mensajes que escuchamos y los hacemos propios, lo que se conoce como «introyectar». Como si nos tragáramos todas esas creencias paternales y las hiciéramos nuestras. Cuando esos mensajes son alentadores y constructivos, de mayores solemos ser personas resilientes y con una autoestima alta. En cambio, cuando esos mensajes son desmoralizadores y destructivos, crecemos siendo personas inseguras y muy dependientes de las opiniones de los demás.

Una vez que hemos entendido cómo y cuánto nos puede afectar nuestro ambiente, podemos comprender qué papel tuvo la exigencia en nuestra familia.

Habitualmente se potencia este rasgo de personalidad en familias donde se exige rendir en unos altos estándares. Desde allí, solo se reconoce y valora a una persona cuando logra alcanzarlos. Por ejemplo, mis padres únicamente me felicitan si saco matrícula de honor, y cuando llego a casa con un 9 en un examen siempre me dicen que debería esforzarme más. Pero la realidad es que puede ser muy costoso rendir siempre a ese nivel y no llegar puede tener consecuencias muy perjudiciales para la salud mental. Desde ser discriminada por nuestra familia a tener altos niveles de ansiedad, estrés y depresión (imagínate, por ejemplo, para una familia de médicos muy exigente lo que implicaría que su hijo no llegara a la nota para entrar en la universidad).

Las cosas se complican cuando, además de tener unos padres muy exigentes, estos nunca definen cuáles son los estándares a los que hay que llegar para recibir el ansiado reconocimiento. Para estos padres nada nunca es suficiente. Siempre podrías hacerlo mejor, o ser más inteligente, más carismática, más... Como hemos explicado, **tus padres te transmiten sus creencias y con ellas formas el marco teórico de tu mundo interno,** por lo que cuando naces en una familia así, te las ingenias para hacer todo lo que esté en tu mano para que por fin tus padres levanten la cabeza y te digan: ¡muy bien, hija! Como eso nunca llega, introyectas la creencia de que nunca es suficiente y la haces tuya creyendo que el problema eres tú, es decir, la traduces a «no soy suficiente». Como si hubiera algo malo en ti que no estuviera a la altura de merecer ser querida y reconocida. Todos podemos intuir lo doloroso que es eso.

Además, esa creencia provoca un sinnúmero de problemas en la edad adulta. Con los años, me voy creyendo que no soy suficientemente buena estudiante, ni buena hija. Tampoco suficientemente interesante como para tener pareja o para que mis amigos me escojan. No soy suficientemente buena para que me contraten en un nuevo trabajo o para montar mi propio emprendimiento. Y cuando algo me sale bien, creo que se han confundido y que algún día descubrirán que en realidad soy una impostora.

Y entonces aparece el famoso y temido **síndrome del impostor.** ¿Te habías planteado alguna vez la existencia de esta relación?

«De pequeño tuve que cuidar de mi misma»

Algo que no mucha gente sabe es que la autoexigencia también nace en entornos muy caóticos y poco estructurados. Por ejemplo, cuando tenemos unos padres que por alguna razón no podían ejercer su función, ya sea porque:

- **Trabajaban mucho** y no podían encargarse de ti.
- **Estaban enfermos.**
- **Tenías un familiar enfermo** del que tus padres tuvieron que hacerse cargo, como un hermano o un abuelo, por ejemplo.
- **Sufrían algún problema de salud mental:** depresión, adicciones.
- **Fueron negligentes:** no te cuidaron o te abandonaron.

Si durante gran parte de tu infancia, tus padres no pudieron estar presentes ni ejercer sus funciones con normalidad, necesitaste madurar antes de tiempo para poder encargarte de ti misma, por ejemplo, haciéndote la comida o preparándote la mochila del colegio desde muy pequeña. Biológicamente las figuras parentales tienen la función de cuidar y proveer, no solo de alimento y abrigo a sus descendientes, sino de un espacio seguro y de nutrición relacional.

La **nutrición relacional** es un concepto muy importante en psicología sistémica, que, como te he explicado en capítulos anteriores, es la rama de la psicología que se encarga del estudio de las relaciones y que es tan importante para analizar el impacto de nuestra familia y cultura en nosotras.

Para que se dé esta función la familia tiene que proveernos de:

Nutrición cognitiva. Sucede cuando tu familia te da reconocimiento y valoración.

El reconocimiento tiene lugar si nuestra familia reconoce de nuestra existencia. Supongo que para algunas de nosotras será difícil de entender que la falta de reconocimiento pueda existir, pero a menudo se da, por ejemplo, en familias en las que hay muchos hermanos y alguno de ellos se siente completamente ignorado y no tenido en cuenta.

También se da en familias negligentes que ignoran la existencia de sus hijos ya sea abandonándolos o no proporcionándoles un entorno seguro donde poder crecer. En estos casos se da un fenómeno psicológico llamado **desconfirmación**, que es la percepción de que uno no existe para los demás. Este es uno de los factores que generan problemas más graves en la salud mental, como trauma complejo, disociación o esquizofrenia.

Ejemplos de desconfirmación: tu familia habla delante de ti como si no estuvieras, tu familia nunca te nombra, nunca te tiene en cuenta, se olvidan de ti. ¿Recuerdas la película de *Solo en casa*? Una familia muy numerosa decide irse de vacaciones y se olvida en casa a Kevin, el pequeño de la familia. Este es un ejemplo de desconfirmación, pero con una sola vez que ocurra no basta. Necesita darse en múltiples ocasiones a lo largo de toda la infancia.

La **valoración** se da cuando la familia es capaz de reconocer las cualidades del otro aunque sean diferentes de las suyas propias. Cuando en tu entorno siempre han criticado o ridiculizado tu manera de ser, se da un fenómeno psicológico denominado **descalificación**, que es el aprendizaje de que «no está bien cómo soy». Esto genera problemas psicológicos graves como la depresión.

Ejemplos de descalificación: eres muy dramática, con tu personalidad nadie te querrá... ¿Recuerdas la película de *Alicia en el país de las maravillas*? La Reina de Corazones no deja de insultar y hablar mal de todo el mundo. Pues seguro que podemos identificar a alguna persona así en nuestra familia, alguien en quien predomina el enfado y la crítica hacia los demás.

Cuando nos sentimos reconocidas y valoradas, podemos decir que existe una nutrición cognitiva.

Nutrición afectiva. Para que se cumpla esta función, tu familia tiene que darte cariño y ternura. Es decir, que tus padres estén disponibles para ti y cumplan tus necesidades emocionales.

La nutrición afectiva falla en entornos en los que, en vez de cariño, aparece la frialdad o la irritabilidad. Son lugares donde el clima emocional se vuelve muy tenso y hostil y que no se perciben como un lugar seguro donde desarrollarse.

Un buen ejemplo de cómo la nutrición afectiva puede fallar lo vemos en la película *Matilda*. Matilda crece en una familia donde sus padres son negligentes, fríos y despectivos. En lugar de recibir cariño, apoyo y validación emocional, se enfrenta a la indiferencia y la irritabilidad de su entorno familiar. Este ambiente hostil no le ofrece un lugar seguro para crecer y desarrollarse emocionalmente, obligándola a encontrar refugio en otras relaciones afectivas, como la que desarrolla con su maestra Miss Honey.

Nutrición pragmática. Para que se cumpla esta función, tu familia tiene que proveerte de oportunidades de socializar. Por una parte deben protegerte y por otra ayudarte a comprender las normas de la sociedad para que puedas adaptarte al lugar donde vives.

Cuando este tipo de nutrición no se lleva a cabo de forma equilibrada, pueden derivarse muchos problemas de salud mental como, por ejemplo, depresión, en el caso en que tu familia te haya inculcado excesivas normas pero te haya desprotegido. O que aparezcan trastornos como el límite de la personalidad por haber estado expuesto a un entorno hiperprotegido sin dar espacio al aprendizaje de las normas de la sociedad, es decir, ambientes demasiado libres y faltos de límites.

Un ejemplo de desequilibrio en la nutrición pragmática lo vemos en *Billy Elliot*. Billy crece en un entorno rígido y marcado por las normas tradicionales de género y las expectativas familiares. Su padre y su entorno social le inculcan reglas estrictas sobre lo que debe hacer y cómo debe comportarse, especialmente en cuanto a seguir una carrera «masculina» en el boxeo, pero sin darle espacio para explorar otras facetas de sí mismo o aprender a desenvolverse en un entorno más diverso. Esta falta de equilibrio entre las normas impuestas y el espacio para desarrollarse provoca una fuerte lucha interna en Billy mientras intenta perseguir su verdadera pasión por el ballet.

Cuando se cumplen los tres vértices de este triángulo y nuestra familia es capaz de proveernos de nutrición cognitiva, afectiva y pragmática, podemos decir que existe nutrición relacional que asegura que estamos en un entorno seguro, que nos cuida y nos alienta a crecer.

Como puedes intuir, cuando hemos crecido en entornos muy caóticos como los nombrados anteriormente, es probable que alguno o todos los vértices de este triángulo no estén presentes en su totalidad.

Es entonces cuando, con el objetivo de sobrevivir, el niño asume estas funciones para poder salir adelante y se produce la **parentalización**, que es la inversión de roles entre padres e hijos. Como los padres no pueden llevar a cabo su cometido de cuidar a su descendencia, los hijos asumen esta función convirtiéndose en sus máximos cuidadores o incluso en los cuidadores de sus padres.

¿Has oído alguna vez hablar del **síndrome de Wendy**? En la película de *Peter Pan*, Wendy es la mayor de tres hermanos que viven en el seno de una familia autoritaria, liderada por un hombre con muy poca capacidad para gestionar sus emociones y que siempre está estresado y enfadado, y una mujer más bien complaciente, aunque amorosa y cercana. Intuyo que Wendy, en su rol de género de mujer, fue criada en la importancia de ser la persona que provee de cuidado a los demás y la encargada de ocuparse de sus hermanos mientras los padres, por ejemplo, salen a cenar fuera, a pesar de ser todavía una niña. Su rasgo de personalidad autoexigente es el que la lleva, más adelante, a ser la que asume el papel de mamá de los niños perdidos en el país de Nunca Jamás.

Este personaje nos muestra un claro caso de parentalización: su familia le otorga funciones de excesiva responsabilidad para su edad que reproduce en el país de Peter Pan, donde se convierte en la cuidadora de todos los niños, acunándolos y cantándoles nanas antes de dormir.

Esta dinámica familiar hace que se potencie mucho la autoexigencia, porque **necesitamos la fuerza y la disciplina suficientes para encargarnos de funciones que corresponderían a un adulto** y que, a nosotras, como niñas, nos costará mucho más llevar a cabo. Y, además, tendremos que posponer nuestro espacio de autocuidado, ya que no tendremos tiempo para el juego y la creatividad.

Es el caso de los hijos que han de cuidar a sus padres enfermos o que han de asumir un rol parental frente a sus hermanos debido a que sus padres no están disponibles.

Si has llegado hasta aquí, respira. Sé que, si te has sentido identificada con alguno de los modelos familiares que te he presentado, puede que te haya removido por dentro. Date un espacio para procesar todo lo que has leído y, si es necesario, tómate una pausa en esta lectura. Prepárate un té calentito y plasma fuera todas tus emociones ya sea con la escritura, hablando con algún ser querido o como necesites. Siempre cuídate.

¿Qué hago si siento rabia hacia mis padres?

La familia, para muchas de nosotras, ha tenido un papel fundamental en nuestra condición de hiperautoexigentes. Esto puede generarnos mucho enfado, porque sentimos que, en el fondo, estamos sufriendo las consecuencias de algo que se podría haber hecho mejor o se podría haber evitado. Pero como en toda historia, siempre hay dos versiones.

Yo tengo una muy buena relación con mi madre. Son incontables las veces que hemos mantenido conversaciones en las que hacíamos un esfuerzo por entendernos desde generaciones tan distintas. Las dos hemos intentado empatizar con la otra y comprendernos. Gracias a todas estas conversaciones he podido ponerme en el lugar de lo que fue ser madre en una generación tan distinta.

No sé qué edad tendrás mientras lees este libro, lo que está claro es que muy probablemente, si naciste en España, tus padres nacieron durante la dictadura de Franco y quizá tus abuelos fueron a la guerra o la vivieron. Fue una época de represión y censura durante la cual el país estaba gobernado por un régimen dictatorial autoritario. Como puedes intuir, la mayoría de nuestros padres no se criaron en un entorno seguro y validador, sino más bien en un entorno con normas rígidas y que no tenía nada en cuenta las necesidades de la infancia.

Debió ser muy duro crecer en un ambiente como ese. Fue una generación que superó muchas barreras, atravesó muchos cambios sociales y tuvo que luchar duramente para restablecer los derechos de la gente. Te puedes imaginar que, en un panorama así, aprender a gestionar las emociones era la última de las prioridades.

Algunos de nuestros padres no pudieron estudiar. Otros tuvieron la suerte de ser los primeros estudiantes de la familia. Su obsesión fue que nos labráramos una carrera para que tuviéramos el mejor futuro. Recuerda que, generación tras generación, vamos heredando ciertas creencias y heridas de las generaciones anteriores, y la guerra civil en España no fue hace tanto.

Nuestras figuras de apego nos educaron para ser personas con fuerza de voluntad y trabajadoras. Sin duda también exigentes. Muchos de ellos quisieron que cursáramos una carrera porque, desde su percepción, eso nos aseguraría el futuro.

**Cada generación educa para
reparar las heridas de
las generaciones anteriores.**

Pero la sociedad cambia muy deprisa y, sin quererlo, la educación que nuestros padres nos dieron, en muchos sentidos, hoy en día está caducada. Al igual que la educación que les estamos dando a nuestros hijos también depende de muchas variables diferentes para continuar siendo válida o no de aquí a unas décadas.

Una de las cosas que más observo en los procesos de terapia que acompaño es la incomprensión de **por qué nuestros padres no nos enseñaron a gestionar las emociones.** Estoy casi segura de que si ellos hubieran sabido gestionar las suyas propias, nos habrían enseñado cómo hacerlo, pero en esa época estaba muy arraigada la creencia de que sentir emociones como la tristeza o el enfado era ser débil y frágil.

¿Qué padre en su sano juicio enseñaría a sus hijos a ser débil? En esa época era importante controlar las emociones y mostrarse siempre entero y feliz. Eso es lo que se valoraba a nivel social, era la forma de estar integrado en ese sistema. En la escuela, en el trabajo, con tus amistades...

Nuestros padres no conocían los efectos de invalidar nuestras emociones, porque creo firmemente que pensaron que expresarlas no tenía nada de bueno y que solo servía para recrearse en lo que uno siente. Hoy en día sabemos que **reprimir lo que sentimos solo genera problemas físicos y emocionales,** porque las emociones no desaparecen, sino que en su afán por expresarse encuentran nuevas vías no tan sanas para ver la luz.

Mi intención con este repaso a la historia es que nos pongamos en la piel de quienes nos cuidaron. Y lo entiendo, comprender no es excusar. Seguramente habrá casos graves de maltrato, abandono o abuso que sin duda no tienen justificación. Pero en este apartado mi intención es hablar de los padres que fueron víctimas de un momento social en el que hicieron lo que pudieron para sobrevivir y para criar unos hijos en un periodo complicado de transición y con muchas secuelas de una dictadura todavía muy reciente.

Tus padres te educaron en la exigencia y en un entorno poco emocional porque era la única forma de sobrevivir al momento social que ellos vivieron. Lo más importante es que **ahora, de adultos, tenemos la posibilidad de aprender todo lo que nuestros padres no nos pudieron enseñar.** Y por eso estás leyendo este libro. Porque no es que tus padres supieran todo esto y se lo callaran para no ayudarte. Es que no lo sabían.

Y con todo esto **no quiero invalidar tu enfado.** Comprendo perfectamente que estés enfadada y tienes todo el derecho del mundo. Con estas líneas solo he pretendido que le des espacio también a la compasión y a coger las riendas de tu crecimiento emocional y darte la oportunidad de aprender todo aquello que tus padres no pudieron darte. Y sé que eso duele.

**Déjate tiempo
para sentirte y cuidarte.**

Pon el foco en lo que sí

El enfado necesita su tiempo. Es probable que, aun leyendo todo el apartado anterior, esta emoción no se diluya o incluso se haga más grande. En el último capítulo, que va sobre cómo conseguir una autoexigencia equilibrada, podrás aprender estrategias para gestionar las emociones que te ayudarán a atravesar esto que sientes sin invalidarte ni reprimirte.

Pero no me quiero ir de aquí sin decirte que **tan importante es poner la lupa a todas las carencias que has tenido en tu infancia como lo es ponérsela a las que SÍ han tenido lugar.**

Fíjate en qué aspectos positivos de tu vida provienen de cómo te han educado tus padres. Quizá has conseguido tu sueño de ser arquitecta o de ser una buena deportista. Quizá te enseñaron el valor de la amistad y hoy en día estás muy bien rodeada, o el valor de la familia.

**Dedica tiempo a meditar
qué cosas les agradeces a tus
padres. Qué cosas SÍ sucedieron.**

Como a los psicólogos nos gusta poner nombre a todo, te diré que esto se denomina **tener una mirada apreciativa de tu familia.** Y es importante que lo cultives no solo en este ámbito, sino en todos los de tu vida.

Y aprovechando la ocasión y para que puedas inspirarte, esto es lo que sí que les agradezco, en este caso a mi madre:

Te agradezco, mamá, todo el amor que me has dado. Desde que he tenido hijos me he podido poner en tu piel y no me imagino lo que tuvo que ser criar y mantener a tres hijos. Sé que habrás pasado muchas noches sin dormir. Que te encargaste de tener siempre la nevera llena y nuestra ropa a punto. Sé cuánto te has preocupado por nosotros y has procurado que tengamos la mejor relación entre los hermanos, fomentando el compartir entre nosotros y el «todo es de todos». Has sido un ejemplo, siempre ayudando a los demás y acogiendo a aquellos que no tuvieron tanta suerte con su familia. Me has abrazado siempre y has llorado a mi lado. Me has aconsejado y has acogido mi enfado cuando en ese momento no te podía escuchar. Siempre has confiado en mí y me has ayudado a ser una mujer con mucha claridad y decidida. Sé cuán privilegiada soy por haberte tenido y cada día doy gracias y aprovecho este regalo que me ha dado la vida: una madre como tú.

Sé que quizá piensas que con una madre como la que describo es fácil escribirle una carta dándole las gracias. Y no te falta razón.

Sé que muchas de vosotras no habéis tenido una figura confiable con quien sentir este amor y apoyo. Pero estoy segura de que, aunque sea de una pequeñísima forma, podéis apreciar algo positivo en vuestra crianza.

La clave es aprender a encontrar el equilibrio entre responsabilizar a nuestros cuidadores de lo que no funcionó y tener compasión con ellos y su historia. ¿Te animas a hacer el ejercicio? Coge bolígrafo y papel o un diario o agenda y siéntate en un lugar en el que nadie te moleste y tengas tiempo para ti. Y ponte a escribir.

Se trata de que te fijes en las fortalezas, las virtudes, las cosas «buenas» o los esfuerzos por mejorar que puedes detectar en tus padres. Con la intención de, además de poner atención en aquello que me hubiera gustado que fuera diferente, arrojar luz a lo que sí estuvo y te sirvió.

Las heridas emocionales no solo tienen el nombre de mamá y papá

Desde la **psicología sistémica,** la corriente desde la que hago terapia, como ya hemos ido nombrando a lo largo del libro, es muy importante analizar la familia. Se entiende que **muchas de las heridas que arrastramos hoy son debidas a ciertas dinámicas que se establecieron en el contexto familiar.**

Durante las terapias que realizo siempre analizamos la familia de origen (es decir, abuelos, padres, etc.), y me ha ocurrido en algunas ocasiones que las heridas que presenta una persona no concuerdan del todo con el tipo de padres que ha tenido. A veces, a pesar de provenir de familias con un vínculo seguro, que ofrecieron apoyo y sostén, me encuentro con personas adultas con un grado desmedido de exigencia. A primera vista es difícil comprender por qué ocurre esto, pero si nos detenemos un poco vemos que la familia no es el único factor en la ecuación.

Sabemos que puede ser que te tocara el gordo en la lotería genética y que tu personalidad de base sea más bien exigente o perfeccionista. Puede que tus progenitores fueran un lugar seguro que te ayudara a ser más flexible contigo y aceptar que el error forma parte del proceso, pero que tu interacción con otros sistemas de la sociedad fuera lo que potenciara tus rasgos de personalidad. O incluso, aun con poca base genética, hubieras estado sometida a tanta presión que germinara un brote de autoexigencia en ti.

Es importante conocer qué influencia tuvieron todas las demás personas en tu vida, sin tener en cuenta a tus padres. Y es que la hiperexigencia también es fruto de:

- El profesor que te dijo que nunca serías capaz de llegar a nada.
- La tía que te dijo que con tu manera de ser nadie te querría.
- La vecina que te dijo que con esa cara nadie se enamoraría de ti.
- El niño de la clase que siempre te ignoraba y se reía de ti.

Como ves, son muchas las personas que nos influyen en nuestra vida, no solo se trata de nuestros padres, sino también de familiares más lejanos, profesores, vecinos, jefes y hasta compañeros de escuela o de trabajo.

En el espacio de terapia ayudamos a poner luz a todas estas dinámicas que, aunque te puedan parecer detalles sin importancia o «tonterías», tienen mucho más impacto del que crees en cómo te percibes. Porque, sin quererlo, somos seres sociales y existimos a través de los ojos de reconocimiento de los demás. Si los demás no nos reconocen, no existimos, por eso nos esforzamos tanto en transmitir una buena imagen o en que opinen bien de nosotros. No es que seas superficial, es que es un instinto biológico.

Los beneficios secundarios de ser autoexigente

Llegados a este punto puedes pensar que, conociendo el origen de tu autoexigencia, ya lo tenemos todo ganado. Pero a menudo nos encontramos que ni aun detectando el día y la hora exacta en la que ocurrió aquello que lo cambió todo podemos flexibilizar nuestra personalidad.

Parece que nos sabemos la teoría. Pero, a pesar de los intentos por cambiar, no cambia nada. Es momento de comprender los beneficios secundarios de aquello que nos hace sufrir. Mención especial a nuestra querida exigencia.

Ya sabemos cómo empieza la historia. De pequeñas nuestra única meta era sobrevivir a nuestro entorno, y para ello debíamos asegurarnos de ser aceptadas en nuestra familia. De esta forma empezamos a moldear nuestra esencia para encajar y sentirnos reconocidas, valoradas y queridas.

Para entenderlo mejor te voy a contar una metáfora, la metáfora del flotador.

La metáfora del flotador

Imagínate que todos naciéramos en medio del mar. Si nadie nos ayudara, nos moriríamos, ya que nadie nace sabiendo nadar. Así que nuestra familia nos provee de un flotador para poder adaptarnos a ese entorno acuático y lograr sobrevivir.

Conforme crecemos vamos aprendiendo a nadar y llega un día en que los pies tocan la arena. Es evidente que el flotador ya no lo necesitamos, pero nuestro cerebro, que quiere asegurarse la supervivencia, nos susurra al oído que nos quedemos con el salvavidas por si acaso. De pequeños ese flotador nos salvó. Pero ahora de adultos es un estorbo en el camino, ya que no nos deja disfrutar del agua con libertad.

Quizá estás comprendiendo a la perfección a lo que me refiero. O quizá no has entendido nada en absoluto. Sea lo que sea, todo está bien, solo tienes que seguir leyendo.

El flotador es todo aquello que tuviste que aprender para ser aceptado y querido en tu familia. Lo que tuviste que interiorizar para encajar. En mi caso y el de quienes estáis leyendo este libro, representa la autoexigencia. De pequeñas nos sirvió para ser aceptadas, para que nuestro entorno estuviera orgulloso de nosotras y nos dieran su aprobación. Pero si de adultas seguimos cogidas a ese salvavidas como el primer día, la excesiva autoexigencia empieza a ahogarnos.

Nuestro trabajo es soltar el flotador tal y como lo conocimos en nuestra infancia y ver qué herramientas necesitamos para sobrevivir solas en este mar. Quizá soy muy alta y solo necesito confiar en que mis pies tocan el suelo o quizá necesito una tabla de surf para aprender a moverme en un mar muy revuelto. La única forma de descubrirlo es soltando poco a poco este salvavidas que ya nos va pequeño y nos hace sentir tan incómodas.

> Entender que un día la autoexigencia nos salvó, porque nos permitió sobrevivir en un entorno sin unos padres disponibles o porque hizo que nuestra familia nos valorara más, es la clave.

Pero ahora ya no necesitas ser tan autoexigente. Y si ser así te está ahogando, es momento de flexibilizarlo.

Todo esto te lo cuento para que entiendas por qué es tan difícil soltar nuestro flotador. Es como querer ir contra natura. Nuestro cerebro se agarra a él como a un clavo ardiendo. En el fondo cree que si dejas de ser así no sobrevivirás, de modo que prefiere sufrir que morir. Pero en el contexto en el que vivimos, esto ya no tiene sentido, y necesitamos pedirle al cerebro que se actualice. La pregunta es: ¿cómo lo hacemos?

Para que lo podamos entender, voy a simplificarlo mucho. Es como si nuestro cerebro hubiera grabado de forma simple:

AUTOEXIGENCIA = APROBACIÓN = SOBREVIVIR

Son tantos años de pensar con base en esta secuencia que no es nada sencillo abrir nuevos caminos neuronales. Nuestro trabajo es crear experiencias novedosas que nos ayuden a flexibilizar estas creencias y que podamos ver que con algunos grados menos de autoexigencia nuestra supervivencia no está en juego.

La buena noticia es que podemos crear nuevos caminos neuronales para romper estas asociaciones y construir unas nuevas más respetuosas y sanas con nosotras mismas. Supongo que te estás preguntando cómo. Ya no queda nada para que aprendas cómo puedes construir una autoexigencia equilibrada. Será entonces cuando adquirirás estrategias y formas de crear estos nuevos caminos.

Las heridas no se borran

Seguramente este no es el primer libro de autoconocimiento que lees. Puede ser que lleves un largo recorrido intentando comprenderte a ti misma o incluso que hayas hecho terapia. En este camino **el objetivo es entender por qué somos como somos y de dónde vienen nuestras heridas.**

Pero a veces creemos que el simple hecho de encontrar esa conexión y comprender que soy tímida porque en mi familia estaba mal visto ser extrovertido es suficiente para que no me dé miedo mostrarme y ya pueda convertirme en el alma de la fiesta. Sin embargo, siento decirte que esto no funciona así.

Antes de cerrar este capítulo, es muy importante que entiendas que **las heridas emocionales no desaparecen.** Eso quiere decir que, en cierta forma, siempre serán nuestra «debilidad». Podremos aprender a ser conscientes de ellas y flexibilizarlas, pero siempre acabarán apareciendo en momentos de estrés o de crisis vital.

La clave es ser consciente de cuáles son tus heridas, porque así comprenderás cuál es tu tendencia. Por ejemplo, si de pequeña se formó en ti una herida de rechazo porque tu familia se reía de tu timidez, de mayor serás más sensible a los comentarios que critiquen o humillen tu timidez, y tendrás tendencia a pensar que «no está bien ser tímida».

Si no has trabajado tus heridas, puede que sigas pensando que tu manera de ser no es aceptable y que te cueste relacionarte con los demás por miedo al rechazo. En cambio, si ya conoces de dónde viene este miedo, será más fácil para ti aceptar que ya eres suficiente y hacer un esfuerzo por relacionarte de forma sana con los demás.

Pero no te confíes. Es en ese momento, en el que te comprendes profundamente y ves la relación entre tus heridas y tu personalidad, en el que crees que ya lo tienes todo superado. Y que eso que te afectó de pequeña ya nunca más lo hará.

En realidad, siempre será tu talón de Aquiles. Y en momentos complicados se activará tu herida de nuevo. Pero no te asustes cuando te sientas así, porque no partes de la casilla de salida. De lo que **se trata es de no querer que tus heridas se borren, sino de aprender estrategias para volver a tu centro** cuando estés pasando un mal momento y aprendas a cuidarte cuando más lo necesitas.

Imagínate que un día de pequeña te electrocutaste con un cable. Durante muchos años le tuviste pánico a los cables y ni siquiera podías mirar uno. Después de un proceso de terapia comprendiste por qué le tienes tanto miedo. Y aprendiste estrategias para diferenciar cuándo un cable está en buen estado y cuándo no, y qué precauciones tomar para evitar una descarga eléctrica. Parece que tu miedo disminuyó. Pero un día, mucho tiempo después, un cable te dio un minicalambre y tu miedo se despertó de nuevo mucho más fuerte.

¿Lo entiendes? Si un día te electrocutaste, siempre serás más sensible a tener miedo que alguien a quien nunca le ocurrió. **La clave es aprender estrategias para acompañarte mientras te ocurre** y entender que la probabilidad de sufrir una descarga eléctrica es muy pequeña si tomamos las mínimas precauciones. Tu miedo a sufrir no es proporcional a la probabilidad de electrocutarte, pero tiene todo el sentido que te dé mucho miedo. Es tu cerebro advirtiéndote que un día eso te hirió y que es mejor que no te vuelvas a acercar.

Yo ya no me decepciono conmigo misma cuando vuelvo a ser demasiado autoexigente, y llega una época en que no me cuido y me hablo mal. Porque sé de dónde viene. Pero cuando me doy cuenta, aplico las estrategias que he aprendido para cuidarme. Trabajo mis emociones para aprender a acompañarme. Trabajo mis creencias para tener un marco más amable en el que pensar. Y, por último, trabajo en mi realidad. Empiezo a hacer las cosas de forma distinta y me doy la oportunidad de relacionarme desde otro lugar. Respetando mis tempos, pero a la vez saliendo de la zona de confort.

Si todo esto se te hace una montaña, no tienes por qué hacerlo sola. No puedo decirte que en terapia hacemos *reset*, pero sí es una pausa para poder darle al *play* de otra manera.

7

POR QUÉ LA AUTOEXIGENCIA **ES IMPORTANTE**

Para simplificar la vida, a veces dividimos todo lo que nos afecta de manera dicotómica: bueno o malo, blanco o negro, aceptable o inaceptable... Creemos que la solución, en el camino por encontrarnos mejor, pasa por dejar de ser autoexigentes porque es algo que nos genera malestar y nos hace sufrir. También lo hacemos con las demás cosas que nos preocupan: por ejemplo, si solemos ser personas complacientes a veces en el aprendizaje de poner límites nos vamos al otro extremo y nos mostramos agresivos. **En nuestra sociedad cuesta mucho entender que, en todo, hay un punto medio.**

**La solución nunca será dejar
de ser autoexigente.**

Porque si pones tu termómetro de exigencia a cero, no tendrás energía ni para ir a trabajar. Imagínate que no te esforzaras en nada y solo hicieras aquello que te nace. No te pondrías despertador, llevarías tarde a tus hijos al cole, no sacarías a pasear a tu perro. No irías a trabajar y a media mañana te apetecería ver la televisión y pedir comida a domicilio. Dormirías la siesta y te pasarías la tarde haciendo un puzle o yendo de compras.

Vale, lo sé, no suena tan mal. Quizá puedes inventar el día *free* autoexigencia. Pero esto no es sostenible a lo largo del tiempo, porque no te cuida. Vivir pensando solo en el corto plazo y en la ley del mínimo esfuerzo te condena a tener una vida poco saludable y próspera. Necesitas autoexigencia para levantarte cada mañana, ir a trabajar y aportar algo a tu empresa, esforzarte para conseguir ese ascenso que tanto deseas. Necesitas exigencia para educar a tus hijos y para tener energía para hacer deporte o limpiar la casa.

Así que no. No podemos vivir sin autoexigencia.

La clave es trabajar en el grado en el que nos exigimos, para que así se convierta en una característica de personalidad que te impulse, pero que no te descuide y paralice. No olvides la importancia de descubrir la escala de grises y ver que entre no ser autoexigente y serlo en extremo hay un millón de posibilidades. Pronto aprenderemos cómo encontrar este equilibrio.

Convierte la autoexigencia en una virtud

Como te contaba, las personas tenemos tendencia a clasificar las cosas en términos dicotómicos. En este sentido pensamos que nuestra personalidad está formada por virtudes y defectos. Pero eso no es nada realista. Lo que tú percibes como un defecto de ti misma otro lo puede ver como una gran virtud. Fíjate en la impulsividad, por ejemplo. Quizá creas que ser impulsiva es un defecto porque no te deja meditar las cosas y actúas sin pensar. Pero también puede ser una virtud que te permita tomar decisiones y ser una buena líder. Todo depende de cómo lo enfoques.

Del mismo modo, quizá pienses que ser muy autoexigente es un defecto, porque te hace sufrir mucho y no te deja vivir la vida con serenidad. Pero también puede ser una gran virtud que te ayude a conseguir objetivos muy ambiciosos.

El objetivo con este capítulo es que **aprendas a tener una visión de ti mucho más compleja y menos reduccionista.** Y que te des cuenta de que ni todos los defectos lo son tanto, ni todas las virtudes nos ayudan en todas las situaciones.

Tener una idea clara de quiénes somos nos aporta una sensación de control, pero a veces mantener esa imagen tiene un coste elevado. En terapia, muchas mujeres se definen a sí mismas como personas que «no saben gestionar sus emociones». Cuando les pido ejemplos, suelen referirse a momentos en los que se han sentido abrumadas por sus sentimientos o han reaccionado de forma intensa ante situaciones difíciles. Sin embargo, cuando

Yo soy esta	Y también esta
Me muestro **introvertida** cuando conozco a gente.	Me muestro **extrovertida** cuando me relaciono con mis amigas.
Hay días en los que me siento muy **inestable** emocionalmente.	Hay días en los que me siento **serena** y con la mente muy clara.
Me siento **insegura** cuando me enfronto (enfrento) a una situación nueva.	Me siento **segura** cuando ejerzo como profesional.
Hay días que me siento **bloqueada** y **rígida** en mi pensamiento.	Otros días fluyo y me siento **flexible** y a**daptable** a los cambios.

profundizamos, me doy cuenta de que en otras áreas de su vida gestionan sus emociones de manera efectiva, como al apoyar a una amiga, cuidar de sus hijos o mantener la calma en el trabajo.

Es injusto que se definan solo por esos momentos de descontrol, ignorando todas las veces que han manejado situaciones emocionales de forma madura y equilibrada. Aferrarse a la idea de «no saber gestionar las emociones» no solo les genera un malestar constante, sino que también puede llevarlas a caer en la profecía autocumplida: en lugar de enfrentarse a nuevas situaciones emocionales con confianza, podrían evitar expresar sus sentimientos por miedo a no gestionarlos bien, confirmando así la creencia de que no saben cómo hacerlo.

Si revisas tu autoconcepto y reconoces las áreas en las que sí gestionas bien tus emociones, podrás ver que no estás tan desbordada o eres tan inestable como crees. Hay muchos momentos en los que manejas tus emociones de manera adecuada, y ese valor merece ser reconocido.

Todas estas soy yo

Serena

Inestable

Extrovertida

Introvertida

Insegura

Segura

Flexible

Rígida

Fluida

Bloqueada

Trabaja tu autoexigencia

Para poder trabajar esta parte de ti y ampliar el autoconcepto que tienes de ti misma, es importante atender a dos cambios, que son muy sutiles, pero que marcan una gran diferencia.

Tú no eres «segura o insegura», sino que te sientes así en determinadas situaciones.

Tienes que comprender que, quitando algunas excepciones, tú no eres igual de insegura en todas las áreas de tu vida. Y, por lo tanto, eso no puede ser una característica que te pueda definir. ¡Eres mucho más compleja que un simple atributo!

Atenta al efecto de profecía autocumplida.

Procura ir actualizando tu autoconcepto en las distintas etapas de tu vida. Todas cambiamos a lo largo de los años en mayor o menor medida. Si te percibes igual que cuando tenías quince años, es que probablemente tu autoconcepto se ha caducado y merece una revisión. Porque, si no, puedes caer en el error de no renovar aquello que crees de ti para ser fiel a lo que siempre has pensado que eres, a riesgo de estarte equivocando porque ya no sea la realidad. Y quizá te está afectando a la autoestima más de la cuenta.

Desde que he transformado mi autoconcepto de rígido, simple y desactualizado a flexible, complejo y actualizado, vivo con mucha más paz mental y sintonía. Ya no tengo que justificar todas mis acciones para que encajen en la definición que tengo de mí. Me doy la oportunidad de sorprenderme y (re)conocerme cada día. ¿Te animas a probarlo?

Llegados a este punto del libro, lo más probable es que ya tengas claro qué es la autoexigencia, en qué área de tu vida te genera más malestar, qué otros aspectos la acompañan en tu caso (perfeccionismo, culpa...) y puede que incluso hayas barajado alguna hipótesis sobre el origen de la exigencia en ti. Ahora ha llegado el gran momento, el capítulo donde te explico los *tips* y técnicas que van a hacer que construyas una autoexigencia equilibrada, gestiones mejor tus emociones y te sientas bien contigo misma. Y no lo olvides: leer es importante, pero tomar acción lo es aún más. Que este no se convierta en otro libro más de «me sé la teoría...». ¿Preparada?

8

CÓMO CONSEGUIR **UNA AUTOEXIGENCIA EQUILIBRADA**

¿Te ha dado a veces la sensación de que «te sabes toda la teoría» pero que aun así nada cambia? En ocasiones comprendemos a la perfección lo que nos ocurre, pero no tenemos las estrategias adecuadas para poner solución.

En este capítulo te voy a dar múltiples técnicas que pueden ayudarte a dar el salto que necesitas para que por fin sientas un cambio significativo en tu vida y no que siempre es más de lo mismo.

Has llegado a la joya de la corona. Por fin vas a aprender estrategias que te ayuden a tener una autoexigencia equilibrada y, ya de paso, herramientas para gestionar tus emociones y mejorar tu diálogo interno.

Para que sea más sencillo, dividiremos las técnicas en tres apartados, en los que abordaremos tres tipos de malestares:

malestar físico, malestar emocional y malestar mental. Empecemos.

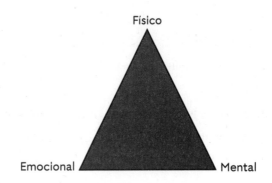

Cuando el cuerpo habla: el despertar del malestar físico

Uno de los problemas que más me encuentro en terapia es que nuestro cuerpo nos habla, pero no lo sabemos escuchar. A menudo ignoramos las señales que nos manda y seguimos hacia delante. Pero desgraciadamente esto tiene consecuencias que pueden llegar a ser muy graves.

Las personas muy autoexigentes son las reinas a la hora de obviar las señales del cuerpo. Con el objetivo de ser las mejores en la empresa o tener el físico soñado, llevamos a nuestro cuerpo al límite, trabajando horas incansables o haciendo deporte hasta quedar exhaustas. Al principio recibimos pequeñas señales, nos sentimos muy cansadas o de mal humor. Poco a poco los síntomas van aumentando, aparece un tic en el ojo o tenemos migrañas a menudo. Si estamos muy desconectadas y no le damos al cuerpo lo que necesita, por ejemplo, descanso, estos síntomas físicos pueden complicarse mucho y acabar en niveles altos de ansiedad e incluso ataques de ansiedad y somatizaciones. Es el cuerpo gritando «¡basta!».

Vamos paso a paso.

Primero de todo, es importante tener en cuenta que **la aparición de cualquier síntoma físico que nos genere malestar requiere de la valoración del personal sanitario.** No podemos asumir que, por ejemplo, un dolor en el pecho siempre es ansiedad, ya que es fundamental que un especialista descarte cualquier problema orgánico. Esto es especialmente relevante en las mujeres, ya que un número significativo de infartos en mujeres no se detecta a tiempo debido a la confusión con síntomas emocionales o estrés, lo que pone en riesgo su salud. Aunque soy consciente de que, en muchas ocasiones, es el personal sanitario quien pasa por alto estos síntomas, es vital insistir en una evaluación adecuada.

Una vez que tenemos esto claro, y todos los resultados hayan salido bien, podemos concluir que probablemente todo el malestar focalizado en el cuerpo es el resultado del desequilibrio entre el esfuerzo y el autocuidado.

Nuestro cuerpo es como un coche. Dentro de él hay muchas partes y maquinaria. El coche cuenta con indicadores para hacerle saber al conductor sus necesidades. Cambio de aceite, falta líquido refrigerante, falta de combustible... ¿Qué pasaría si ignoraras estas señales durante mucho tiempo? Es obvio: nuestro vehículo se estropearía en mayor o menor medida. Lo que ocurre es que, cuando durante años hemos mirado hacia otro lado, en cuanto hemos intentado volver a cuidar a nuestro coche, ya no recordamos qué significaban esas señales y podemos llegar a sentirnos muy perdidas.

El objetivo es reaprender qué significan los indicadores de nuestro cuerpo y saber darle lo que necesita.

¿Qué significan los síntomas de mi cuerpo?

La autoexigencia excesiva genera estrés. El estrés es una respuesta del cuerpo cuando lo sometemos a demasiada presión, es decir, cuando el organismo lleva a cabo un sobreesfuerzo para contrarrestar el desequilibrio producido por la preocupación excesiva o el poco descanso.

Si esta situación se produce temporalmente, por ejemplo, cuando tenemos un pico de trabajo que requiere jornadas maratonianas para entregar un nuevo proyecto, este se denomina **estrés agudo** y suele producir síntomas de ansiedad, que es la señal de alarma que el cuerpo nos manda para pedir que bajemos el ritmo.

Cuando el estrés se debe a una situación que se prolonga en el tiempo se denomina **estrés crónico** y produce síntomas depresivos o de ansiedad crónica (como ansiedad generalizada o el trastorno de pánico).

El cuerpo sufre un «agotamiento» por haber estado sosteniendo un periodo de activación neurofisiológica durante tanto tiempo. Los síntomas de estrés más comunes son: taquicardia, arritmias cardíacas, incremento de la tensión muscular general, temblor, hiperventilar, sudar en exceso, problemas digestivos, metabólicos, dérmicos y alteraciones del sistema inmune.

Cuando sometemos al cuerpo a un estrés excesivo, este se prepara para hacer frente a una amenaza. Recuperemos una metáfora como la de cuando hablamos del miedo hace unos capítulos: imagínate que ha aparecido un tigre en medio del bosque. En esta situación es adaptativo que se enciendan tus respuestas de estrés. El cuerpo disminuye todas las funciones innecesarias para sobrevivir de forma inmediata (por ejemplo, paraliza el sistema digestivo) y activa todo aquello que te puede ayudar a sobrevivir (tu corazón late más deprisa para enviar más oxígeno al cuerpo en caso de tener que salir corriendo). Estas respuestas generan síntomas en tu cuerpo a los que llamamos somatizaciones.

El problema viene cuando no existe ningún tigre en el bosque. En el siglo XXI, la mayor parte de las veces esa amenaza será muy diferente, incluso se tratará de nuestra mente anticipando un posible peligro que quizá ni siquiera exista, pero que hace que se activen todas estas señales y que nuestro cuerpo las mantenga en el tiempo, provocando una saturación del sistema por agotamiento.

Una vez entendido cuáles son las consecuencias de padecer demasiado estrés, **el primer paso es detectar cuáles son tus somatizaciones.** Y no hay mejor técnica que el *mindfulness* para ayudarte a ello. ¡Ahora te la cuento!

El *mindfulness*

No te voy a explicar aquí los orígenes de esta técnica, pues seguramente no es la primera vez que lees sobre ella. Pero sí quiero que sepas bien en qué consiste: se trata de **focalizar la atención en el momento presente.** Esta es la única forma de escuchar el lenguaje en el que te habla tu cuerpo, porque si vives en tu mente en el pasado o el futuro, nunca puedes conectar con lo que te está ocurriendo ahora.

El *mindfulness* es por tanto un método para conseguir atención plena, dándote cuenta de lo que sucede «aquí y ahora». Te ayudará a detectar en este momento cómo está tu cuerpo y de esta forma te será más fácil darle lo que necesita.

Antes de explicarte cómo puedes realizar esta técnica, déjame hacerte una advertencia. Las personas autoexigentes solemos tomarnos las cosas muy en serio y a menudo un acto que tendría que ser de autocuidado lo convertimos en una autoexigencia más. Al final de este capítulo, te ayudaré a detectar la diferencia entre cuando un autocuidado me cuida o cuando se convierte en una autoexigencia más. Pero, por ahora, continuemos.

El objetivo con esta técnica no es que estés presente veinticuatro horas al día. No eres ningún buda ni vives retirado en un templo del Tíbet. La finalidad simplemente es que consigas estar presente un ratito durante el día; en realidad, con unos minutos es suficiente para empezar.

Mi momento favorito para iniciarme en esta práctica es a primera hora de la mañana, mientras me tomo el café. Intento observar cómo el café se funde con la leche (esto es más interesante si lo haces con una taza transparente), luego me centro en cómo huele y, por último, me siento, y observo todas las burbujas que han quedado en la superficie y que forman una ligera capa de espuma. En cuanto remuevo me doy cuenta de que a menudo la bebida de avena se corta y queda una textura poco homogénea y desagradable. Sí, el *mindfulness* te ayuda a estar presente, no a que tu café quede maravilloso.

En esta primera parte hemos puesto atención simplemente a lo que pasa mientras existimos. Luego es interesante que esta atención la volquemos en nosotras mismas. Hacerte estas preguntas puede ayudarte:

- ¿Cómo estoy?
- ¿Cómo siento mi cuerpo?
- ¿Siento algún dolor o malestar?
- ¿Hay algo que mi cuerpo me esté intentando decir?
- ¿Qué es lo que necesita mi cuerpo?
- ¿Qué es lo que desea?

Si te haces estas preguntas a diario, mejorará mucho tu cuidado hacia tu cuerpo. Y si tu cuerpo está contento, tendrás más energía y podrás disfrutar más de las cosas que tienes y que quieres hacer.

Te voy a contar una anécdota que siento que te puede ayudar.

Un día quedé con una persona para comer. Es de las típicas personas que te ponen tensa y que te hacen sentir alerta. De postre me pedí un trozo de tarta de chocolate y entre cucharadas seguí hablando. Cuando pasó un largo rato me di cuenta de que tenía la mano cubierta de chocolate. Había estado refregando mi mano por encima del plato lleno de chocolate incontables veces, pero estaba tan desconectada de mi cuerpo que ni siquiera me había dado cuenta. Esa es la señal de que estaba demasiado desconectada de mí.

Poco a poco fui haciendo un trabajo de volver a mí. Y observando mi cuerpo me di cuenta de que ciertas señales se repetían:

Tensión en mi cuerpo. He llegado a tensar tanto mis piernas que podía notar durante horas la espinilla dormida y entumecida. También tiendo a tensar hasta el extremo mi espalda y mi cuello. Aunque para mí, el síntoma número uno y que más malestar me genera es la tensión en la mandíbula, tiendo a apretar los dientes tanto que llego a notar dolor. Como puedes imaginar, llevo una férula para dormir, porque, si no, los dientes me castañetean por la noche. Cuando me doy cuenta, suelto el cuerpo y relajo mis músculos.

La excesiva tensión en el cuerpo es señal de estar estresada y sobrecargada. Es como si el cuerpo entendiera que hay un tigre en la habitación y tus músculos se prepararan para correr. Pero la situación real es que no hay ningún animal que haga peligrar tu supervivencia.

Tic en el ojo. Son incontables las ocasiones en las que he tenido uno o varios tics en el ojo. Estos también son consecuencia de estar con niveles altísimos de estrés y, sobre todo, descansar poco. Del mismo modo, aparecen cuando hacemos un uso excesivo de pantallas sin descansos visuales. ¿Te suena?

Dolor de barriga y diarrea. Sé que algo me pone muy nerviosa si durante una mañana he ido cuatro veces al baño. Mi cuerpo reacciona al estrés segregando hormonas que alteran mi proceso digestivo.

Puede que te hayas sentido identificada con estos síntomas o puede que los tuyos sean distintos. Las señales de estrés en tu cuerpo pueden ser muy variadas: dolor de cabeza, fatiga, falta de concentración o de memoria. También, movimiento repetitivo de la pierna o de las manos, así como mordernos las uñas.

Y, por supuesto, nuestra amiga la ansiedad. Pronto volveremos a hablar de ella, pero antes déjame presentarte la técnica de las tres preguntas.

Mi consejo

Si te cuesta estar en el presente, puedes ayudarte de aplicaciones como Petit BamBou, que te permite escoger las meditaciones por temas (ansiedad, felices sueños, dejar ir, confianza en una misma...).

Otra buena opción es hacer meditaciones para niños que son mucho más visuales y te ayudarán a entrar más fácilmente en un estado de paz mental (puedes encontrarlas en Spotify).

La técnica de las tres preguntas

De lo que se trata es de que siempre que sientas malestar en el cuerpo, te hagas estas tres preguntas. Para ello, presta atención a sus señales.

¿Qué está expresando mi cuerpo?

1. ¿Algo me duele?

2. ¿Qué necesita mi cuerpo para estar mejor?

3. ¿Cómo me puedo acompañar?

Aunque se trata de un ejercicio muy sencillo, y que puedes hacer a menudo, también es muy potente. A veces, el secreto de nuestro bienestar se encuentra en las cosas más simples. ¿Quieres ver un ejemplo?

Mi cuerpo expresa cansancio. Me paso el día bostezando y últimamente soy incapaz de prestar atención a las reuniones de mi trabajo.

Para estar mejor necesitaría descansar.

Por ello, esta semana podría no ver la serie a la que estoy enganchada e irme a dormir una hora antes.

Esta es la clave. Detectar las necesidades de tu cuerpo y cubrirlas. Sencillo, ¿verdad?

Es cierto que a veces no es tan fácil como parece, porque tenemos obligaciones que no podemos desatender, pero como siempre digo, existe una escala de grises que hemos de saber encontrar.

Sé que ser madre, liderar una empresa o tener a tu cargo a alguien mayor puede complicarte la tarea de autocuidado. Quizá piensas que no tienes tiempo, pero, por mi experiencia, te diré que podemos aplicar tres soluciones: mejora tu organización (analiza cómo puedes simplificar tu rutina), aprende a delegar (intenta, en la medida de lo posible, contar con algo de ayuda para que puedas tener tu espacio de autocuidado) y, por último, suelta algunas tareas o responsabilidades que no puedes asumir en este momento. Puede que necesites sacrificar una o varias

> cosas por una temporada hasta que recuperes tu salud.
>
> Tu autocuidado es una prioridad. Si no te cuidas y tú no estás bien, no podrás cuidar a los demás. Y llegará un día en que tendrás que parar en seco.

Construye tu mochila de recursos

A menudo sabemos que estamos muy estresadas, con ansiedad o cansadas. Entendemos las señales de nuestro cuerpo pero no acabamos de dar con la tecla de qué podemos hacer para estar mejor. Sin querer caemos en la inercia de hacer más de lo mismo. Y esa solución se convierte en el problema.

Ya hemos hablado de ello: si has intentado solucionar un problema y no ha funcionado, cambia de solución. La clave es activar nuestra creatividad. Pensar nuevas formas de organizarnos, de descansar, de cuidarnos..., hasta construir nuestra propia mochila de recursos.

La mochila de recursos es un conjunto de herramientas que sabes que te funcionan. Para cada uno es distinta, por eso nadie puede ahorrarte el trabajo de construir la tuya propia. Para ayudarte, te voy a dar algunas ideas de cosas que puedes hacer cuando te sientas mal, que pueden ayudarte a conectar contigo misma y sentirte mejor:

- Caminar descalza.
- Mover el cuerpo. Hacer deporte, yoga.
- Escuchar sonidos como el mar, la naturaleza, la lluvia.
- Escribir.
- Tomar el sol.
- Ducharte con agua fría.
- Darte un masaje.
- Respirar profundamente.
- Pintar mandalas.
- Compartir lo que sientes.
- Abrazar.
- Acariciar un animal.
- Oler plantas aromáticas.
- Escuchar una meditación.
- Leer.

Puede ser que te parezcan cosas muy básicas. O incluso que pienses que son acciones algo infantiles. Pero es que no necesitamos cosas muy complejas para sentirnos mejor. Solo volver al origen.

Como sabemos las personas que tenemos hijos, cuando se trata de nuestros pequeños, la clave es que estén descansados y alimentados. De esta forma hay mucha menos probabilidad de que se dé un desbordamiento emocional. ¡Pues los adultos funcionamos igual!

A menudo no es tan importante saber qué cosas podemos hacer para sentirnos mejor sino qué cosas empeoran cómo estamos. Dejar de hacer aquello que te pone peor es vital, porque ya solo eso tiene un efecto revitalizador. ¿No sabes qué puede estar sentándote mal? Te doy algunas ideas.

- No tener tiempo para descansar en tu día.
- Darte atracones para calmar tu ansiedad: de comida, de series, de redes sociales...
- Abusar del tiempo de pantallas. No tener tiempo para no hacer nada.
- Compartir cómo te sientes con personas que te invalidan y no te ofrecen un entorno seguro.
- Reprimir tus emociones. No darte espacio para estar triste o enfadada.
- Usar el alcohol para cubrir tus problemas.

Con esto no digo que un día no puedas ir a tomarte una cerveza o que tengas que renunciar a tu serie favorita. Como hemos ido diciendo, es una cuestión de escala de grises. Tiene que haber lugar para disfrutar tu ocio, pero también para conectar contigo. ¡Ahora te toca a ti!

Cosas que hago que empeoran cómo estoy	Cosas que hago que mejoran cómo estoy
_____	_____
_____	_____
_____	_____
_____	_____
_____	_____
_____	_____
_____	_____
_____	_____

Esta información es muy importante para aprender a acompañarte en esto que sientes. Apúntate este ejercicio en una tarjeta y llévala siempre contigo. Así tendrás recursos accesibles para conectar contigo y sentirte mejor.

Cuando tu mente no calla: el despertar del malestar mental

Hay días que, mientras estoy cenando, veo que mi pareja tiene la mirada perdida. Le observo atentamente y cuando vuelve en sí y le pregunto en qué pensaba en ese momento, me dice que «literalmente en nada». Él lo llama la _nothing box_, es decir, la caja de la nada. Y por más que intenta explicarme cómo acceder a ella, a mí me resulta imposible.

Las personas que han estudiado este fenómeno cuentan que esta capacidad se presenta mayoritariamente en hombres, siendo solo el 3 por ciento de las mujeres las que tienen el privilegio de no pensar en nada. Esto te lo cuento porque, si tu mente parece una olla a presión y has intentado a menudo luchar contigo misma para aprender a dejar la mente en blanco, quizá esa no sea la mejor estrategia para rebajar tu malestar mental.

En este capítulo te voy a enseñar a pensar bonito. Ya que muchas no tenemos esa maravillosa capacidad de poner la mente en blanco, por lo menos que nuestros pensamientos sean, la mayor parte del tiempo, un lugar agradable donde estar.

Cuatro tipos de pensamientos que nos hacen la vida imposible

Todos sabemos que la mente es muy poderosa. Es el intermediario entre la realidad y nuestra percepción, así que puede hacernos ver lo maravilloso que es el mundo o, a veces, convertirlo en un auténtico infierno.

Lo más importante para empezar es recordar aquello de poner consciencia a cómo nos hablamos. Nuestro diálogo es tan automático y va tan deprisa que al principio puede costarnos darnos cuenta de nuestra propia conversación.

Para detectarlo te propongo que medites sobre estas dos preguntas:

1. ¿Qué es lo que pienso?
2. ¿Qué es lo que me digo?

Poco a poco me voy a dar cuenta de cuál es el diálogo que tengo conmigo misma. Es entonces cuando debo prestar atención a si hay algunos de estos pensamientos.

Autocrítica excesiva. Tiendo a ser muy crítica conmigo misma, tanto es así que llego a faltarme al respeto, me insulto o me hablo despectivamente. Por ejemplo: soy una vaga, soy imbécil, inútil, parezco idiota...

¿Qué puedo hacer?

Ser consciente de que hay unas líneas rojas y de que nunca debo faltarme al respeto. No me digo a mí misma lo que nunca le diría a una amiga.

Tarea: ¿cuál es la crítica que más me duele que me hago a mí misma? ¿Cómo podría convertir esto que me digo que tanto me duele en algo que sea respetuoso conmigo misma?

Sesgo negativo. Tengo tendencia a poner el foco en lo negativo, me cuesta mucho ver la parte buena de las cosas. Por ejemplo: todo el trabajo que he hecho es una mierda. Mi trabajo no me gusta, la vida me va fatal. Mi peinado no me gusta, voy horrible.

¿Qué puedo hacer?

Fomentar una mirada apreciativa. Este concepto ya te lo conté en capítulos anteriores, de lo que se trata es de entrenar nuestra mirada hacia aquello positivo y bueno de la vida. Por ejemplo: no me gusta cómo ha quedado mi peinado, pero hoy me veo la mirada muy bonita.

Tarea: ¿en qué tema suelo ser más negativa? ¿Cómo podría verle la parte bonita a esto que tan malo veo? (Sé que hay temas que no tienen parte bonita, pero seguro que hay muchos donde aplicas este sesgo negativo y sí que la tienen).

Crítica al pasado. Me juzgo constantemente por mis decisiones pasadas desde el conocimiento presente. Por ejemplo: no tendría que haberme apuntado a esa carrera o tendría que haber sabido que la comida iba a ir mal.

¿Qué puedo hacer?

Entender que en su momento tuviste unas razones para tomar ciertas decisiones y que no tenías una bola

> mágica que anticipara tu futuro. No todas las decisiones que tomamos salen bien, pero no somos adivinas. La clave es aprovechar estos «errores» para aprender.
>
> **Tarea:** piensa en una decisión del pasado por la que te arrepientas y te juzgues a ti misma. ¿Por qué la tomaste? ¿Qué has aprendido de ella? ¿Qué decisiones podrás tomar mejor en el futuro gracias a este «error»?

Sobregeneralización. De lo que se trata es de que, a raíz de una mala experiencia puntual, la generalices a todo lo demás. Quizá un día sentiste que te olvidaste del guion en medio de un ensayo de teatro y tu mente ya te dijo que nunca podrías ser actriz. Quizá un día te tembló la voz en una exposición en el trabajo y tu mente te dijo que nunca llegarías a ascender en esa empresa. Tu mente coge un pequeño detalle y lo sobregeneraliza a todas tus demás experiencias.

¿Qué puedo hacer?

> Ser realista con las «sentencias» que te dices a ti misma. Olvidarte un día puntual del guion en un ensayo no dice nada de tu capacidad como artista. Hay muchas otras cosas, que tendrás que definir, que te

> ayudarán a saber si es lo tuyo o no. Pero sé justa contigo.
>
> **Tarea:** ¿qué pruebas tengo de esto que me digo a mí misma que me hace tanto daño? ¿De qué me está protegiendo esto que me digo? (Por ejemplo, prefiero pensar que me saldrá mal para no intentarlo, o me dan miedo las consecuencias de tener éxito).

Una de las cosas con las que más me encuentro en terapia es que a veces nos mentimos a nosotras mismas. La mentira más común que nos decimos es sobre la incapacidad de una misma. Por ejemplo: no soy capaz de… (rellena aquí con algo de lo que sientes que no eres capaz). Te voy a contar un ejemplo personal. Durante algún tiempo, me sentí incapaz de ser buena psicóloga, pensé que yo nunca conseguiría sentirme segura acompañando a otras personas. Y entonces se me ocurrió esta técnica.

La técnica del juicio

Imagínate que estuvieras en un juicio acusada de «no ser capaz», con esta simple creencia no bastaría para alegar tu culpabilidad, necesitarías aportar pruebas contundentes y no solo aparentes indicios de que

CÓMO CONSEGUIR UNA AUTOEXIGENCIA EQUILIBRADA

realmente eres una persona poco capaz para ejercer tu profesión. Necesitarías demostrarle al jurado con hechos que realmente no eres capaz y nunca lo serás. Ya no parece tan fácil, ¿verdad?

Quizá crees que no eres capaz de hacer un maratón, pero ni siquiera te has puesto las zapatillas para ir a correr. O quizá, como yo, crees que nunca serás capaz de dedicarte a aquello que te apasiona. En todo mi recorrido de más de diez años siendo psicóloga, no me he encontrado ni una sola vez en la que una creencia tan generalizada y determinante como esta pueda ser demostrada. Porque en el fondo solo son cosas que nos pasan en momentos puntuales que generalizamos a toda nuestra vida. Y eso es muy injusto.

Como te puedes imaginar nunca pude demostrar que no era capaz de ser psicóloga, porque en el fondo sí que lo era.

No sé cómo te sientes después de haber trabajado todos estos pensamientos. Quizá te has sentido identificada solo en uno o quizá eres como yo y te ves identificada en todos. Durante mucho tiempo de mi vida yo he cantado bingo con todos ellos. Poco a poco y usando todas las técnicas que te he explicado, he ido teniendo pensamientos más nutritivos sobre mí misma y me he ido hablando de una forma más respetuosa y amable.

¿Las consecuencias? Mi amor propio se ha disparado y con él mi querida paz mental.

¿Quieres conocer más técnicas que te ayuden a calmar tu mente? Sigue leyendo.

Personifica tu voz interior

Puede que llegados a este punto ya sepas identificar si tu diálogo interno es más bien cuidadoso o demasiado crítico, pero que a pesar de ser consciente te cueste horrores cambiarlo. Cuando me di cuenta de esta dificultad, quise crear una técnica que fuera muy visual y nos facilitara este cambio de autodiálogo.

La técnica de las villanas de Disney

Imagínate que tu voz interior fuera un personaje famoso o un dibujo animado. ¿Quién sería?

Hace años mi voz interior era la madrastra de Cenicienta. Dura, seria, crítica, injusta..., aparecía en cada episodio de mi vida, a cada momento, para recordarme que siempre lo podía hacer mejor, que nunca era suficiente. Me sentía agotada.

Un día decidí que esta obra de teatro en mi cabeza era muy aburrida con solo un personaje, así que me inventé uno nuevo. Este era Mulán. Y a partir de ese momento, dentro de mí empezó a sonar una voz más alentadora: tú puedes, lo estás haciendo bien, un poquito más y lo tienes.

Cada vez que hacía presencia dentro de mí esa madrastra, le pedía a Mulán que apareciese en escena. ¿Qué me diría Mulán ahora?

Poco a poco, la voz amable fue ganando terreno. Me sentía tan bien hablándome con mimo y respeto que ya no le veía sentido a machacarme y juzgarme constantemente.

¿Te ha parecido interesante? ¡Ahora te toca a ti!

- Si pudieras personificar tu voz interior con un personaje de Disney, ¿quién sería?
- ¿Cómo es este personaje? ¿Cuáles son los mensajes que te repite más a menudo?
- Si pudieras añadir un personaje a esta película mental que equilibrara al villano de tu película, ¿cuál sería?
- ¿Cómo es este personaje? ¿Cuáles son los mensajes que te repite más a menudo?

La idea es que detectes la voz dominante en tu diálogo interno y añadas una contravoz, te facilitará mucho las cosas que la personifiques tal y como te he propuesto. Así la próxima vez que estés a punto de exponer un nuevo proyecto en el trabajo y aparezca la madrastra de Cenicienta susurrándote al oído el ridículo que harás o lo mal que te saldrá, haz aparecer a tu Mulán para decirte que confíes en ti, porque eres capaz de hacerlo bien.

Después de infinidad de veces practicando esta técnica conmigo misma, te puedo decir que son pocas las ocasiones en las que vuelve la madrastra de Cenicienta. Mulán ya se ha convertido en mi Pepito Grillo y es muy alentador tener una voz interior que te impulsa y te transmite calma. Ya te advierto que un cambio tan drástico de guion en la historia de tu película mental va a requerir de una adaptación. Pon esto en práctica y date tiempo.

EL DECÁLOGO
PARA CULTIVAR UNA RELACIÓN MÁS AMABLE CONMIGO MISMA

Soy importante para mí

Soy suficiente	Soy merecedora
Tengo derecho a equivocarme	Abrazo mi vulnerabilidad
Lo estoy haciendo bien	No necesito ser perfecta
Me entiendo	Me permito ser

Acepto que no siempre puedo tener
un diálogo amable conmigo

No tengo duda de que hablarte bonito a ti misma te cambiará la vida. Y es que te exigirás menos y te querrás más.

Calmar el alma

No quiero acabar este apartado sin hablar de mis queridos mantras. Los mantras son frases que nos decimos a nosotras mismas que nos aportan la calma externa que no conseguimos internamente. Se trata de una herramienta sencilla, pero, a la vez, personalmente es la que más me ha ayudado en mi proceso de autoconocimiento. **Los mantras son frases que te ayudan en momentos difíciles o de alto malestar.** Son recordatorios de qué es lo importante y son potentes aliviadores del malestar.

Como ya te he contado, uno de mis problemas más importantes que hay que trabajar es el miedo a lo que los demás opinen de mí. He hecho esfuerzos titánicos para mostrar una buena imagen, decir las palabras correctas…, me machacaba mucho si pensaba que en alguna conversación había dicho algo inadecuado.

Por más que me supiera la teoría, ese miedo salía de dentro de mí. Evidentemente hice terapia y analicé de dónde venía, pero a pesar de esto no conseguía desbloquearlo. Entendí que lo que me hacía sufrir era estar en lucha constante conmigo misma para agradar a los demás y que a menudo cambiaba mi forma de actuar para caer bien a todo el mundo.

> **Para salir de este bucle, creé un mantra: acepto que los demás piensen mal de mí, pero no voy a hacer nada para cambiar su opinión.**

Así cuando, por ejemplo, en mi maternidad, aparecía el miedo y la inseguridad de que los demás opinen de mí que soy una mala madre o de hacer algo que pueda ser susceptible de críticas, aplicaba este mantra. Acepto que los demás piensen que soy una mala madre, pero no haré nada para demostrarles que soy una buena madre.

Esto me proporcionaba muchísima tranquilidad porque ya no tenía que agradar a los demás, tampoco tenía que convencerlos ni demostrarles lo buena madre que soy. Yo soy buena madre, ¡eso ya lo sé! Así que la opinión externa no va a cambiar mi percepción de todas las cosas buenas que hago por mis hijos.

La clave fue dejar de resistirme a que cada persona pueda tener su propia opinión, y sobre todo dejar de modificar mi forma de ser y actuar para gustar a los demás. Te lo prometo, ¡funciona!

Crea tus mantras

Ahora te toca a ti: reflexiona y escribe cinco mantras que te pueden ayudar. Si no sabes por dónde empezar, piensa en qué situaciones te sientes dolida y superada y también en qué mensaje te calmaría. Apúntalo.

CÓMO CONSEGUIR UNA AUTOEXIGENCIA EQUILIBRADA

> *Empiezo yo:*
> *está bien como soy,*
> *no necesito cambiar nada.*
>
> 1. _____
> 2. _____
> 3. _____
> 4. _____
> 5. _____

Espero que en este apartado hayas aprendido estrategias para conseguir un diálogo interno cuidadoso y alentador. Sin duda, trabajar esto marca una diferencia tanto en la relación con los demás como en la relación contigo misma. Y evidentemente te ayuda a ser menos exigente contigo.

Pero no todo está en la mente... y es que a veces el gran desequilibrio lo sentimos en las emociones. ¿Y qué pasa cuando por dentro soy una montaña rusa emocional? ¡Vamos a verlo!

Convierte tu montaña rusa emocional en un mar en calma

Las mujeres que tenemos una alta autoexigencia convivimos a diario con la ansiedad, el enfado, la tristeza y la culpa. A veces son tan intensos estos sentimientos que nos arrastran sin que podamos hacer nada para regular lo que sentimos.

Hay personas en las que predomina más una emoción, se sienten siempre enfadadas o se culpan de todo lo que les ocurre. Otras sentimos repetidamente una mezcla de estas cuatro emociones, lo que nos hace vivir a diario en una auténtica montaña rusa. Y esto es realmente agotador.

Para poder convertir este parque temático interior en un mar en calma es importante entender cómo funcionan nuestras emociones. Para esto te voy a contar los cuatro pasos imprescindibles para comprender las emociones y aprender a gestionarlas a partir de la teoría de la inteligencia emocional de Salovey y Mayer (1997).

Estos autores describen que las personas inteligentes emocionalmente son expertas en estas cuatro fases:

1. **Percepción emocional:** es la habilidad para identificar las emociones. Darme cuenta de que si aprieto la mandíbula, por ejemplo, puede significar que estoy enfadada.
2. **Facilitación emocional:** entender que las emociones afectan a los pensamientos y viceversa. Si estoy triste, mi pensamiento suele ser más negativo.

3. **Comprensión emocional:** es la habilidad de entender el motivo por el que mis emociones aparecen. Estoy enfadada porque mi pareja me ha dejado.
4. **Regulación emocional:** es la capacidad para regular nuestras emociones. Hablar con mis seres queridos cuando me siento triste.

Cada persona puede tener problemas en una o más fases de las que desarrolla este modelo. ¿Tienes curiosidad por conocer en qué fase tienes más dificultades? ¡Atenta!

Problemas en la percepción emocional

Si sientes que te cuesta relacionar las señales de tu cuerpo con tus emociones, es un signo de que puedes estar enfrentando dificultades en tu percepción emocional. Esta fase, según la teoría de inteligencia emocional de Salovey y Mayer, es crucial para gestionar nuestras emociones de manera efectiva.

Un buen ejercicio para mejorar esta percepción es parar y hacer una pausa. Pregúntate: **¿qué sensaciones físicas experimentas cuando estás triste, enfadada o avergonzada?** Reconocer estas señales es el primer paso para conectar tus emociones con tu cuerpo.

Muchas veces desconectamos de nuestras sensaciones físicas porque evitar el malestar parece más fácil. Sin embargo, si ignoramos constantemente lo que nuestro cuerpo nos comunica, podemos enfrentar una desconexión emocional que se traduce en síntomas físicos, como la fatiga extrema. Por ejemplo, podrías no darte cuenta de que estás agotada y seguir adelante hasta que, en un momento de crisis, la ansiedad o los ataques de pánico emergen como una llamada de atención de tu cuerpo, pidiéndote que te detengas y lo escuches.

La percepción emocional no solo implica notar estas señales, sino también aprender a interpretarlas y actuar en consecuencia. Cultivar esta habilidad te permitirá vivir de manera más consciente y saludable, y te ayudará a cuidar de ti misma de una forma más efectiva.

Ejercicio

Para empezar a trabajar esta parte te invito a que lleves a cabo un registro de la relación entre tus emociones y tus señales físicas. Por ejemplo, cuando tengo un tic en el ojo quiere decir que necesito descansar.

Problemas en la facilitación emocional

Si te cuesta ver de qué forma tus emociones influyen y afectan a tus pensamientos, es decir, sueles tomar decisiones sea cual sea tu estado emocional, quizá tienes que trabajar en mejorar tu facilitación emocional.

De lo que se trata es de ver hasta qué punto las emociones que sientes te afectan, por mucho que no te guste sentirlas y las quieras reprimir. Entender esto es clave para evitar que las emociones te jueguen una mala pasada y convertirlas en una brújula a tu favor.

En especial, es importante que recuerdes que las emociones intensas no son buenas compañeras a la hora de tomar decisiones o ponerte en acción. Por ejemplo, si estoy muy enfadada es mejor que no decida en ese momento qué voy a hacer con mi relación de pareja, porque mi impulsividad en ese instante me puede hacer decidir algo que verdaderamente no siento.

Lo mejor es posponer la decisión para cuando esté en un estado de ánimo más neutro.

Tampoco es buena idea elegir desde la euforia, porque en un estado de excesiva positividad puedo tomar decisiones demasiado arriesgadas de las que luego me puedo arrepentir.

Lo ideal es esperar a que ese estado emocional tan intenso se diluya y pueda valorar desde la neutralidad qué es lo que más me conviene y me cuida.

Ejercicio

Valora desde dónde sueles tomar las decisiones. Si alguna vez te has arrepentido de alguna decisión, por pequeña que sea, fíjate: ¿desde qué estado emocional la tomaste? ¿Desde qué estado emocional sueles decidir?

Problemas en la comprensión emocional

Si sueles juzgarte y te cuesta entender por qué sientes lo que sientes, quizá tienes que mejorar tu comprensión emocional.

A menudo no entendemos por qué sentimos lo que sentimos. Creemos que hay una lista de motivos lo suficientemente importantes para poder sentir tristeza o enfadarnos. Pero a veces nos enfadan cosas que nuestra mente cree que son «tonterías», y allí empezamos una cadena de invalidaciones y autojuicios que lejos de calmarnos nos genera más malestar.

Si entiendes este apartado y lo practicas, tendrás mucho ganado en cuanto a tu gestión emocional.

Tus emociones no necesitan motivos para existir. La clave es validarte sea cual sea el motivo por el que ha aparecido tu emoción.

> **Deja de decirte: «No entiendo
> por qué me pongo así» y empieza
> a ser sincera contigo misma.**

Lo que solemos hacer es valorar si el motivo por el que ha aparecido determinada emoción es suficientemente grave para justificarla. Pero las emociones no funcionan así. No hay una lista de motivos por los que podemos sentir. Así que **la clave es conocer aquellas cosas que te afectan y simplemente aceptarlas.**

Por ejemplo, imagínate que la semana pasada fui a cambiarme las gafas. Creo que me quedan genial, pero cuando voy al trabajo un compañero me dice: «Qué gafas más feas». Automáticamente siento vergüenza y luego tristeza. Me ha afectado mucho su comentario y no sé por qué me entran ganas de llorar.

A partir de aquí tengo dos opciones:

- **Reprimir mis emociones.** Me juzgo por sentirme triste por ese comentario y hago de tripas corazón para que no me caiga ni una lágrima. Hago como que no me pasa nada y me enfado conmigo misma por sentirme así por esa tontería.
- **Ser sincera conmigo** y aceptar que me ha afectado. Aunque es cierto que puede sonar como un comentario sin importancia, entiendo que me afecte porque conozco mi historia. Sé cuánto me ha costado sentirme bien conmigo misma y a veces estos comentarios me hacen sentir insegura. Recuerdo

cuánto se reían de mí en el colegio por llevar gafas y comprendo por qué a veces un simple comentario despierta cosas mucho más profundas.

No hace falta que te diga cuál de las dos opciones te hará sentir mejor contigo misma. Por más que niegues tus emociones o que no las comprendas, no dejarán de existir, así que te animo a parar de luchar contra lo que sientes y empezar a abrazarlo.

Problemas en la regulación emocional

Algunas personas sabemos perfectamente identificar nuestros estados emocionales y comprenderlos. Sabemos cuándo nos sentimos tristes y podemos entender el porqué. Pero tenemos la sensación de que, pese a saber el motivo, no tenemos ni idea de cómo acompañarnos en ello.

Si te sientes identificada, quizá tienes problemas en la regulación emocional. Como ya hemos contado, de lo que se trata es de acompañarte en aquello que sientes para poder aliviarlo, aunque sea un poco.

Cuando tengo una mala regulación emocional, a menudo hago cosas que empeoran cómo me siento. Por ejemplo, me invalido, hago como si no pasara nada, quizá abuso del alcohol o recurro a comer en exceso para sentirme mejor. Puede que decida mirar el móvil compulsivamente para desconectarme de aquello que siento o que me dé un atracón de series.

Hay algunas situaciones que generan emociones muy dolorosas, como cuando alguien pierde a un ser querido, y en ese momento quizá no puedes conectar con tu emoción porque esta es demasiado intensa y duele sobremanera. En estas ocasiones, es normal que uses estrategias menos funcionales, uno no puede sentir intensamente todo el tiempo.

Pero si esta manera de gestionar tus emociones se vuelve habitual es común que, lejos de sentirte mejor, tus emociones se enquisten a largo plazo por haber distraído demasiado a tu cuerpo.

Si te fijas en el ejemplo anterior, cuando te contaba que me molestó el comentario de «qué gafas más feas» de mi compañero, las emociones que sentí fueron vergüenza y tristeza. Y es ahí cuando abro la puerta a pensamientos y estrategias poco funcionales: «Estoy mal porque esto que siento es muy intenso, podría hacerme un ovillo en el sofá y darme un atracón de Netflix». Por una vez (o varias) que lo hagas, no es el fin del mundo. Pero es importante que no se enquiste como método de regulación emocional. Quizá podría ayudarte más hacerte un té caliente y escribir cómo te sientes. Llamar a alguien cercano y contarle aquello que te pasa. **Poco a poco, ese peso se va aliviando.** Y entiendo que sentir emociones no dice nada malo de mí, solo demuestra que soy humana.

Te prometo que entender esto me cambió la vida. Ahora valido todas y cada una de las emociones que aparecen en mí: las que comprendo porque conozco mi historia y las que no tengo ni idea de dónde vienen. **Acepto todo lo que aparece, no me juzgo y aprendo a cuidarme en ello.** Aquí te dejo una lista de cosas que pueden ayudarte a aliviar estas emociones que se sienten desagradables. ¡Puedes incluirlas en tu mochila de recursos!

Tristeza	Permítete llorar, validarte, escribir, llamar a un ser querido, hacerte una bebida caliente, expresar tu tristeza en un lugar seguro.
Enfado	Descargar tu emoción en un papel (hacer rayotes), ponerte música rock, gritar en un espacio seguro o en un cojín, dar golpes al sofá con un cojín.
Miedo	Encontrar elementos de seguridad (anclarte a lo que sí que puedes controlar), pedir apoyo y no aislarte, concretar qué te da miedo (suele ser algo abstracto que se vuelve más controlable si lo desgranas).
Envidia	Atender a lo que la envidia te señala (a menudo es lo que deseas), transformar la envidia en admiración, hacer que la envidia sea tu motor para conseguir lo que quieres.

¿Qué te ha parecido? ¿En qué fase emocional crees que tienes que trabajar más? Si vas algo perdida, te recomiendo que empieces desde el principio y pidas ayuda si sientes que todo este mundo emocional se te hace bola.

El objetivo de profundizar en estas cuatro fases es ganar consciencia emocional y aprender a regular esto que sentimos. Como herramienta complementaria, también existe el llamado «diario emocional», que te ayudará a tener estructura para conocer tus emociones y cómo gestionarlas. Puedes conseguirlo gratis en este enlace:

Ahora ya conoces todas las alarmas que pueden encenderse cuando estamos siendo demasiado exigentes con nosotras mismas. Es posible que tu cuerpo y tu mente tengan preferencia por una en concreto: que tiendas a somatizar más o a tener pensamientos en bucle. Pero espera, ¿te ha ocurrido alguna vez que se ha encendido una mezcla de las tres alarmas? ¿Que te has sentido exhausta física, mental y emocionalmente? Pues el siguiente apartado es para ti.

Cuando siento un tsunami por dentro y se me mezcla todo

Es posible que en ocasiones acumule una mezcla de síntomas físicos, mentales y emocionales. Que me sienta sumamente triste, y eso me tenga el estómago encogido, a la vez que mis pensamientos sean los más catastróficos posibles. Ojalá todo fuera tan sencillo como tener cajitas donde poder guardar sensaciones, pensamientos y emociones por separado. Pero la realidad es que nuestro cuerpo se parece más a una lavadora en pleno proceso de centrifugación. ¿Y cómo desenredo todo este lío?

El círculo vicioso: hacia la espiral de la negatividad

El cuerpo, la mente y las emociones no funcionan de manera independiente. Por suerte o por desgracia, estas tres partes están interrelacionadas, y cuando yo me paso muchos días muy enfadada mi cuerpo se ve resentido, con una excesiva tensión en los músculos, dolor de cabeza, de mandíbula...

La clave es entender que **desatender mis emociones puede tener un efecto cascada negativo en mis sensaciones corporales y en mis pensamientos,** formando lo que se llama un **círculo vicioso.** Te voy a poner un ejemplo.

Imagínate que una reunión del trabajo no ha salido como me hubiera gustado. Es posible que empiece a sentir malestar, quizá estoy enfadada conmigo y me juzgo por haberme puesto nerviosa, lo que conlleva que tensione todo el cuerpo e incluso me dé golpecitos a mí misma a modo de castigo. Como estoy tan enfadada, no puedo pensar con claridad. Decido presentar mi renuncia para el puesto antes de que sean ellos quienes me despidan.

Aunque te parezca una situación muy extrema, esto lo encontramos a menudo en la consulta. Personas que se ven tan arrastradas por sus emociones que su cuerpo y sus pensamientos se ven afectados. Y esto es tremendamente peligroso.

¿Te ha ocurrido alguna vez que has querido dejar tu relación de pareja en medio de un enfado y luego te has arrepentido? Pues probablemente te dejaste llevar por el círculo vicioso.

El círculo vicioso nos ilustra que nuestras emociones condicionan nuestro cuerpo, porque se expresan a partir de él, y también tiñen nuestros pensamientos. Esto significa que si yo me siento eufórica, es más probable que tome decisiones importantes a la ligera, como decir que sí a comprarme un piso, aunque es el primero que veo. Y si me siento muy deprimida, es posible que todos mis pensamientos sean catastróficos y negativos.

Las emociones afectan mucho a nuestro pensamiento. Por eso es importante ser muy consciente de qué estado emocional tengo antes de decidir cualquier cosa. **El estado óptimo para decidir es un estado emocional neutro,** por ejemplo, el que tienes en un día corriente tomándote un café.

Todas somos víctimas de nuestro propio círculo vicioso. La buena noticia es que, al ser un círculo, se puede romper desde muchos lugares y convertir este en todo lo contrario: un círculo virtuoso.

El círculo virtuoso: hacia una espiral de positividad

El círculo virtuoso tiene como objetivo minimizar las consecuencias de tus emociones en todas las demás partes de tu cuerpo y tu mente. Quiere romper la cascada de negatividad que a veces generan las emociones desagradables que no sabemos gestionar.

Vamos a poner el mismo ejemplo que antes.

Imagínate que una reunión del trabajo no ha salido como me hubiera gustado. Es posible que empiece a sentir malestar, reconozco que estoy enfadada conmigo misma, pero no me juzgo. Me entiendo y me valido. Decido ir a correr a la montaña después del trabajo para soltar un poco lo que llevo dentro. Parece que me siento más aliviada, pero decido llamar a una compañera de trabajo que me ofrece un lugar seguro para contarle lo que ha pasado y que me dé su opinión. Escucho su perspectiva y decido enfocar la siguiente reunión de una manera diferente. Sí, es cierto, hoy no me ha salido como me gustaría y eso me enfada. Pero voy a concentrarme en preparar la siguiente, este error me servirá para aprender.

Suena diferente, ¿no? ¿Te has dado cuenta de en qué momento he roto el círculo vicioso? Al final, **el círculo vicioso se alimenta de la invalidación emocional, de no escuchar las sensaciones de mi cuerpo y de alimentar un diálogo interno tóxico conmigo misma.**

Si en algún momento tienes la oportunidad, prueba a incorporar alguno de estos tres ingredientes:

1. **Validarte emocionalmente** sea cual sea tu emoción. Recuerda que no necesitas un motivo objetivo para justificar tus emociones. Son válidas sean cuales sean por más «tontería» que te parezcan. Si aprendes a escucharlas, te darás cuenta de que detrás de esa «tontería» hay un motivo mucho más profundo y doloroso para ti.

2. **Escuchar a tu cuerpo** y darle lo que necesita. Sírvete de los ejemplos que contaba en el apartado de la regulación emocional. Ayuda a tu cuerpo a expresar tus emociones, llora si estás triste, ve a correr si estás enfadada...

3. **Hablarte bonito.** No dejes que tu diálogo interno sea cómplice de tu autosabotaje y de la dinámica irrespetuosa

contigo misma. Fomenta tu contravoz amable y quédate a tu lado como lo estarías con tu mejor amiga. Desde el amor y la compasión.

Cuando rompes la cascada emocional negativa desde alguno de estos tres puntos, **conviertes el círculo vicioso emocional en círculo virtuoso.** Y, de repente, empiezas a sentirte mejor.

Hay un ingrediente que he querido guardarme hasta el final del libro. Pero que desde mi punto de vista es el ingrediente central que regula todo el exceso de autoexigencia que hay en nosotras.

Y es que, si en tu vida solo sientes presión y que la exigencia te ahoga por todos lados..., has de darle la bienvenida al autocuidado.

El antídoto de una autoexigencia excesiva: el autocuidado

Como hemos ido viendo a lo largo del libro, la autoexigencia excesiva tiene muchas causas. Puede ser que tengas una personalidad con tendencia a exigirse mucho y ser muy perfeccionista. O puede ser que tu familia haya reforzado o potenciado este rasgo en ti.

Pero evidentemente la autoexigencia también tiene que ver con la cultura en la que vivimos, más concretamente con las demandas de la sociedad.

Es cierto, también, que **las mujeres somos especialmente vulnerables a caer en la trampa de la autoexigencia,** porque desde la incorporación de la mujer en el trabajo, teniendo a la vez que encargarnos mayoritariamente de las tareas del hogar y del cuidado de los hijos e hijas, además de estar siempre presentables y perfectas, hemos llevado mucho peso sobre nuestros hombros.

Nos han vendido la imagen de que las mujeres somos *superwoman* y todoterreno, que podemos hacer varias cosas a la vez, que podemos con todo. Y para sobrevivir en una sociedad así, hemos necesitado toneladas de autoexigencia, que evidentemente han tenido y tienen unos costes altísimos en nuestra salud mental.

Así que soy muy consciente de que, para vivir en una sociedad donde no se premie tanto la productividad y se tenga en cuenta la salud de las personas, tendría que haber cambios a nivel global de mentalidad y en la política que nos hicieran la vida más fácil. Y entonces no recaería tanto en nosotras la gestión de una adecuada autoexigencia.

Pero debemos ser realistas. No tiene pinta de que la sociedad vaya a cambiar pronto su manera de funcionar. Así que, aunque no sea la solución más justa, ocuparnos nosotras de nuestros propios cuidados es la única forma que se me ocurre de liberarnos de tanta presión y tener espacio para coger un poco de aire.

¿Qué es realmente el autocuidado?

Lo hemos mencionado muchas veces a lo largo del libro, pero ¿qué es realmente? Vamos a volver a abordarlo ahora desde este nuevo prisma: desde el conocimiento de que no vivimos aisladas y que la sociedad y el contexto deciden mucho de cuánto nos autoexigimos. Como su nombre indica, el autocuidado es aquello que hacemos nosotras mismas para cuidarnos. Lo que haces tú para autocuidarte y que te sienta bien a ti. Nada tiene que ver con lo que la sociedad te dice que es «cuidarte», como por ejemplo «ir al gimnasio para estar delgada». Esto no es autocuidado.

Para que tomes consciencia, te presento las características de un buen autocuidado:

- **Me sienta bien hacerlo:** tanto física, mental como emocionalmente.
- **Es respetuoso conmigo:** no me daña.
- **No tiene por qué ser productivo:** no siempre tiene como finalidad conseguir un objetivo.
- **Nace de un deseo interno:** no es impuesto por nadie.

Llegados a este punto, hemos de hacer un ejercicio de deconstrucción. El autocuidado no es lo que la sociedad te transmite que debes hacer para cuidarte, ni lo que para tu pareja significa cuidarse a sí misma. El autocuidado es personal e intransferible.

Puede ser que ahora te sientas confundida y no sepas qué cosas te cuidan realmente. Quizá llevas tanto tiempo priorizando a los demás que ya no sabes qué te sienta bien o qué te calma. Por ello, deberás empezar a probar qué cosas te alivian y te sosiegan. ¡Haz una lista con estas cosas! Así construirás tu propia mochila de recursos cuando lo necesites, tal y como hemos comentado en apartados anteriores.

Para que puedas inspirarte, voy a compartirte qué cosas son autocuidado para mí:

- Descansar en el sofá viendo una serie (aunque, como hemos hablado hace unas páginas, procuro no usarlo en exceso con el fin de tapar emociones).
- Leer un libro mientras me tomo una taza de café.
- Ir a bailar.
- Quedar con amigas que sean un lugar seguro.
- Ir de paseo con mi pareja.
- Llamar a mi madre o a mi padre.
- Todo lo que sean manualidades: pintar mandalas, Lego, puzles…
- Escuchar música que me guste.
- Tomar una cerveza al sol.
- Escuchar un pódcast sobre *true crime*.
- Ponerme guapa: hacerme las uñas, ir a la peluquería…

¿Te has sentido identificada con alguna?

Algo muy importante es que el autocuidado no se juzga.

Cuando yo me tiro en el sofá a ver una serie, cuido mucho mi diálogo interno. No me digo a mí misma «eres una vaga», «deberías hacer algo productivo», sino que fomento una voz en *off* que está feliz porque he aprendido a priorizarme: «Qué bien me sienta este ratito aquí sentada», «cuánto disfruto darme este momento».

Si te cuesta permitirte el autocuidado, fíjate en qué frases te dices a ti misma mientras estás regalándote este momento. Si te boicotean y te estropean este instante, quizá venir a terapia te podría ayudar.

Fíjate en que el autocuidado no es únicamente tomar un té chai mientras hago yoga. La publicidad ya se ha encargado de meternos en la cabeza que eso nos cuida. Pero no siempre es así. Tienes que reflexionar si esto es así para ti.

Cuidarse sienta genial. Y lo que mucha gente no sabe es que realmente te hace ser más productiva. Yo consigo mucho más deprisa los objetivos que me propongo porque me encuentro mejor y estoy más descansada. Soy mejor madre, mejor psicóloga y mejor persona, porque me encuentro descansada y conectada conmigo misma.

Ahora bien, una de las dudas que más me preguntan cuando hablamos de autocuidado es: «Pero ¿y si me estoy autocuidado demasiado? ¿Cómo seré consciente de que me estoy pasando?».

¿Me estoy pasando de autocuidarme?

La dosis justa de autocuidado no existe. Habrá épocas en las que lo necesitarás más y épocas en que podrás exigirte a tope porque te sientes llena de energía y motivación. Como todo, son ciclos que iremos alternando.

Para que sea más sencillo, imagínate que es como una balanza: en una parte tenemos el autocuidado y en la otra la autoexigencia. La clave es encontrar el equilibrio entre las dos partes.

Pero ¿cómo notaré que mi balanza se desequilibra hacia el lado de demasiado autocuidado? ¡Atenta!

- Dedico tantas horas al autocuidado que no tengo tiempo para dedicarme a mis objetivos.
- Vivo al día haciendo solo lo que me apetece y me cuesta trabajar para mis objetivos a largo plazo.
- Solo me dedico a estar en el sofá tumbada durante semanas, sin hacer nada.

Como ves, el autocuidado en exceso es uno que me hace perder el foco de mis verdaderos objetivos. Y que, en el fondo, no me cuida porque no tiene en cuenta mis necesidades futuras. Pero si estás leyendo este libro, que va precisamente sobre autoexigencia, probablemente tu problema será que necesitarás cuidarte más. Así que no tengas miedo de pasarte.

Quizá tu miedo no es qué harás el día que te cuides demasiado, porque estás justo en el lado contrario. Si es tu caso, tu duda seguramente sea esta otra: «¿Cuándo me cuido si no tengo tiempo...?».

No tengo tiempo de cuidarme. ¿Y ahora qué?

La idea de que no tienes tiempo para cuidar de ti misma es algo que muchas veces podemos reconsiderar. Es útil observar en qué empleamos nuestras horas. En la mayoría de los casos, el tiempo que pasamos con el móvil es excesivo, aunque hay excepciones en las que algunas personas lo utilizan solo para descansar y desconectar un rato. La clave está en identificar cuáles son tus verdaderas prioridades y encontrar momentos, por pequeños que sean, para dedicarte a ti misma.

Ahora bien, no nos vamos a engañar y, a veces, por esta presión social que comentábamos, tenemos las agendas que dan miedo. Para esto te traigo una solución, descubrir los dos tipos de autocuidado que existen:

El autocuidado macro. Son aquellas grandes acciones que hacemos que nos sientan bien. Un gran viaje, un finde romántico, apuntarme a yoga para ir cada lunes... Requieren un grueso importante de tiempo y de una alta organización. Tienen la característica de que nos ayudan a romper con la monotonía, sin embargo habitualmente requieren de una inversión en tiempo y dinero.

El autocuidado micro. Son aquellas pequeñas acciones que hacemos que nos sientan bien. Este tipo de autocuidado es el que podemos ir colando entre la rutina de nuestro día a día. Son aquellas pequeñas cosas que hacen nuestro día llevadero y bonito y que, aunque no requieren de gran inversión de tiempo y dinero, sí que tienen un retorno emocional importante. Por ejemplo, tomarte el té en una taza bonita, encender tu vela favorita, leer un libro mientras te tomas tu café, comer aquello que te sienta bien...

Si tienes que empezar a introducir el autocuidado desde cero, porque eres una mujer que se exige al máximo y lo da todo a todos los niveles, **te recomiendo que empieces incorporando el autocuidado micro en tu vida.**

No se trata de hacer grandes actividades, simplemente prueba a pasear sin el móvil de camino al trabajo o hacerte una bebida caliente entre reuniones pueden ayudarte con la gestión del día a día.

Cuando parece autocuidado pero es autoexigencia

Hubo una época de mi vida en que tenía mal entendido lo que era autocuidado. Me sabía el abecé del autocuidado, que en aquel momento para mí era: comer bien, hacer deporte, meditar, dedicar tiempo a cuidarme la piel...

Yo hacía todo lo que se suponía que tenía que hacer para sentirme bien. Empecé a practicar deporte, a comer cinco raciones de fruta y verdura al día, me esforzaba por meditar cada día antes de ir a dormir... Pero oye, no parecía que todo eso me hiciera sentir mejor.

Me encontraba más cansada y agobiada. Como encorsetada, con poco margen para ser yo misma.

Poco a poco lo entendí. Lo que me cuida solo lo puedo saber yo y me permití jugar y experimentar. Darme la oportunidad de conocerme mejor y saber qué cosas son las que realmente me cuidan, me alivian y me hacen sentir bien.

Como conté al inicio del libro, descubrí que, cuando bailo, no me cuesta ejercitar mi cuerpo, o que ciertas frutas y verduras no me sientan bien y que prefiero las visualizaciones que la meditación pura.

Descubrí que también es autocuidado para mí tomarme una cerveza con una amiga, dedicar tiempo a escribir o tumbarme en el sofá mientras veo una serie.

Lo que tienes que saber sobre tu propio autocuidado no está escrito, amiga. Así que prueba, experimenta, diviértete, permítete hasta que encuentres aquello que te cuide, te respete

LO QUE CREO QUE ES AUTOCUIDADO PERO NO	LO QUE SÍ ES AUTOCUIDADO
Me apunto a running aunque **no me gusta correr**.	Pruebo deportes hasta encontrar el que **me hace disfrutar**.
Como cinco frutas al día aunque **no me sientan bien**.	Me tomo las frutas que me gustan y **me sientan bien**.
Medito veinte minutos antes de irme a dormir aunque **esté cansada**.	No me gusta la meditación tradicional, prefiero darme baños de **naturaleza**.
Pinto mandalas aunque es una actividad que **me aburre**.	**Mi forma** de relajarme es escuchar música.

y te haga sentir bien. Eso sí, habrá momentos en los que necesites un poco de autoexigencia para hacer cosas que, aunque al principio cuesten, sabes que te cuidarán a largo plazo, como mantener la disciplina en el deporte.

La clave está en que esa autoexigencia venga acompañada de una sensación de satisfacción y bienestar al final.

Si al esforzarte por cuidar de ti misma sientes que realmente te hace bien, entonces también es autocuidado.

Por el contrario, apúntate bien estas tres características. El autocuidado **no es autocuidado si...**

CÓMO CONSEGUIR UNA AUTOEXIGENCIA EQUILIBRADA

- **Me tomo el autocuidado como una obligación.** Si el autocuidado se convierte en una tarea más en tu lista, pierde su esencia. Puede requerir disciplina, pero no debería sentirse como una carga constante.
- **Me fuerzo a hacer cosas que «son autocuidado» pero que no me gustan ni me sientan bien.** Es importante encontrar lo que realmente te cuida y te hace sentir bien. Aunque algunas actividades puedan requerir esfuerzo, la sensación final debe ser de alivio y bienestar, no de incomodidad o rechazo.
- **No es autocuidado si no me cuida física y emocionalmente.** Si algo no respeta tu cuerpo, tu personalidad o tus gustos, no te está cuidando. El autocuidado debe adaptarse a ti, no al revés.

Ahora que hemos visto cómo reconocer lo que realmente es autocuidado, también es útil distinguir entre los diferentes tipos de autocuidado que podemos practicar. Es aquí donde entra la diferencia entre el autocuidado productivo y no productivo.

El **autocuidado productivo** incluye aquellas actividades que hacemos con un objetivo concreto, como mejorar nuestra salud, ganar resistencia física o aumentar nuestro bienestar a largo plazo. Son momentos en los que, aunque requieran esfuerzo, buscamos un resultado positivo y perceptible. Por otro lado, el **autocuidado no productivo** es el que realizamos simplemente por el placer de disfrutar, sin ninguna expectativa más allá de relajarnos o sentirnos bien en el momento. Ambos tipos de autocuidado son válidos y necesarios, ya que equilibran la necesidad de mejorar y de vivir el presente sin presión.

A menudo, las personas autoexigentes nos enfocamos solo en el autocuidado productivo, y eso puede terminar convirtiéndose en otra forma de autoexigencia. Por eso, te invito a que practiques más autocuidado no productivo: hacer cosas que te gusten por el simple placer de hacerlas. En mi caso, con dos hijos pequeños, tengo muy poco tiempo libre, pero de vez en cuando los astros se alinean y, de repente, tengo un rato para mí. Es en esos momentos cuando, en lugar de preguntarme «¿qué tengo que hacer ahora?», me pregunto «¿qué me apetece hacer ahora?» y uso esos espacios para hacer algo que realmente disfrute, con el único objetivo de descansar o cuidarme.

Y antes de despedirme, quiero recordarte una cosa muy importante: **el autocuidado no es algo que tengas que ganarte, es una necesidad básica, no un premio.** Lo necesitas tanto en los días en que todo va bien como, especialmente, en los días en que todo se ha torcido. Así que pon atención a tu diálogo interno y deja de decirte que «te sientas en el sofá porque te lo mereces». Necesitas cuidarte y descansar de la misma manera en que necesitas comer y dormir.

Recuerda que el verdadero autocuidado no se trata solo de hacer lo correcto, sino de encontrar el equilibrio entre el esfuerzo y el disfrute. Cuídate como prioridad, no como excepción, y verás cómo ese cuidado se refleja en todas las áreas de tu vida.

¡Por fin hemos conseguido tener una autoexigencia equilibrada! En este capítulo te he enseñado muchas técnicas potentes para regular tu cuerpo, tu mente y tus emociones. Y también espero haberte inspirado para que puedas incorporar el autocuidado a tu vida y así lograr estar más descansada y conectada contigo misma.

Y recuerda, **la relación entre el autocuidado y la autoexigencia cambiará a lo largo de tu vida de manera cíclica.** Si sientes que vuelves a estar en el círculo vicioso de la exigencia, solo tienes que recordar todo lo que hemos trabajado y volver a tu centro. A todas nos ocurre que hay épocas que apretamos demasiado y vamos desfasadas. O épocas en las que hemos ido demasiado tranquilas. Como decíamos, el equilibrio perfecto no existe. El equilibrio que más te cuida solo lo conoces tú. ¡Confía en ti!

CONCLUSIONES

Hemos llegado al final de este viaje juntas. Un camino en el que hemos explorado las luces y sombras de la autoexigencia, esa compañera que puede ser tanto una fuerza impulsora como un peso que nos frena. Espero que al llegar aquí sientas que este libro te ha permitido mirarte de una manera más profunda, comprenderte mejor y, sobre todo, darte permiso para ser más amable contigo misma. Has recorrido un proceso valiente: el de identificar las áreas en las que tu autoexigencia toma el control y empezar a recuperar el equilibrio. No es fácil, pero cada paso cuenta, y leer este libro es el primero.

A lo largo de los capítulos hemos caminado juntas por el complejo mundo de la exigencia. Comenzamos identificando a **nuestra amiga, la autoexigencia,** ese impulso que nos pide constantemente hacer más, ser más y mejor. Reconocerla es el primer paso hacia un cambio, y espero que con el test hayas podido dar luz a esa parte de ti que quizá no habías examinado con profundidad. Si te has dado cuenta de que eres más autoexigente de lo que creías, te has permitido empezar a plantear nuevas preguntas: ¿cómo puedo regular esta exigencia y convertirla en algo equilibrado?

Hemos explorado cómo la autoexigencia se manifiesta en áreas clave de nuestra vida: **en las relaciones de pareja, la maternidad, el trabajo, el cuerpo y las amistades,** e incluso en la relación que tenemos con nosotras mismas. Esta sección te ha invitado a reflexionar sobre cómo nuestras expectativas pueden afectar estas áreas y cómo puedes comenzar a aliviar la presión. Es importante recordar que no estás sola en este proceso, y que trabajar en la autoexigencia también significa transformar la relación que tienes con quienes te rodean.

Los **amigos de la autoexigencia,** como el perfeccionismo, la rigidez y el control, son compañeros inseparables que nos atrapan en su juego. Pero también hemos visto que reconocerlos es la clave para empezar a soltar. El perfeccionismo no tiene que ser nuestro enemigo, y podemos aprender a flexibilizar nuestras expectativas sin perder de vista nuestras metas.

En la sección dedicada a **las emociones de la autoexigencia,** tocamos temas difíciles como la autoestima y las ideas de suicidio. Saber que estos aspectos psicológicos pueden ser una consecuencia de la autoexigencia extrema es esencial para buscar apoyo y aprender a cuidar de nosotras mismas en esos

CONCLUSIONES

momentos oscuros. Trabajar la autoestima y aprender a valorar quiénes somos, más allá de lo que hacemos o logramos, es parte fundamental del camino hacia una autoexigencia saludable.

Cuando nos preguntamos **de dónde viene tanta autoexigencia**, miramos hacia nuestros entornos, la familia y las heridas del pasado. Entender nuestras raíces nos permite sanar, y hemos trabajado en la importancia de no quedarnos atrapadas en el dolor, sino enfocarnos en lo que sí podemos transformar.

Finalmente, hemos reconocido que la **autoexigencia es importante**, pero en su justa medida. Sin ella, quizá no nos moveríamos hacia nuestros objetivos, pero cuando toma el control, perdemos de vista nuestro bienestar. El verdadero reto está en **cómo conseguir una autoexigencia equilibrada**, que nos impulse a crecer sin hacernos daño en el proceso.

Mi deseo para ti, tras leer este libro, es que hayas encontrado herramientas para identificar cuándo la autoexigencia es una aliada y cuándo se convierte en una enemiga. No se trata de eliminarla, sino de aprender a escucharla y gestionarla con sabiduría.

Recuerda que la autoexigencia puede ser una fuerza poderosa cuando está en equilibrio, pero para lograrlo es necesario que te detengas, te escuches y te des permiso para ser imperfecta. La perfección no es el destino. El verdadero éxito está en aprender a cuidarte mientras sigues avanzando, y en entender que ser autoexigente no tiene que estar reñido con ser amable contigo misma.

El camino no es fácil, pero no estás sola en este proceso. Este libro es solo el principio de un recorrido que merece la pena.

Ahora te toca a ti llevarlo a la práctica y descubrir qué significa para ti una autoexigencia más equilibrada.

Finalmente, quiero darte las gracias por haberme acompañado en este recorrido. Ha sido un honor compartir contigo mis aprendizajes y experiencias sobre la autoexigencia. Espero que lo que has leído aquí te haya inspirado a mirarte con más compasión, a cuidarte mejor y a encontrar un equilibrio que te haga sentir más en paz contigo misma.

AGRADECIMIENTOS

Antes de despedirnos, quiero tomarme un momento para expresar mi gratitud. Escribiendo este libro, me he dado cuenta, una vez más, de la importancia de las personas que nos rodean y que hacen posible cada paso del camino, en los momentos más fáciles y en los más desafiantes. Al igual que he hablado sobre la autoexigencia, que nos impulsa y nos reta, este proceso ha sido un recordatorio de que no podemos enfrentarnos a todo solas.

Agradecer es, en cierta forma, una extensión del autocuidado. Es reconocer que no somos perfectas, que necesitamos apoyo, y que también podemos recibir ayuda, amor y paciencia en nuestro viaje. Sin esas personas que nos acompañan, que creen en nosotras cuando nosotras mismas dudamos, todo sería más complicado y, quizá, menos significativo.

En primer lugar, quiero dar las gracias a mi marido, Guille. Por acompañarme siempre y ser cómplice de mis sueños. Por apoyarme sin cuestionarme, por creer en mí más que yo misma y darme todas las facilidades del mundo y el espacio para que mis sueños se hagan realidad. No hay nada más bonito que encontrar un compañero de vida que sume y sea impulso.

Quiero dar las gracias a mi madre por ser mi apoyo, mi compañera, mi confidente. Por creer siempre en mí y saber decirme siempre las palabras adecuadas que son un bálsamo para el alma. Por estar a mi lado. Lo suficientemente cerca para que no me sienta sola pero lo suficientemente lejos para dejarme ser yo misma. La única persona que me calma con una sola mirada.

A mi padre, quiero agradecerle los momentos que compartimos a través de la cultura y la música. Hemos tenido grandes conversaciones y nos hemos reído mucho juntos, y esos instantes han sido verdaderamente valiosos para mí. Gracias por esos momentos que nos han unido de una manera especial. Porque la vida siempre suena mejor con un té, los Beatles y tú.

A mis hermanos, Guille y Oliver, por ser los mejores guías. Por protegerme y cuidarme siempre. Por ser mi lugar seguro no importa dónde esté, cuándo ni con quién. Por vuestras palabras y brazos cálidos. Por compartirlo todo y ser hogar.

A mis suegros, Albert y Susana, por acogerme como una más de la familia. Por estar a mi lado cuando las cosas se han puesto oscuras y alegraros conmigo cuando por fin la luz ha aparecido. Gracias por poner en valor siempre mi esfuerzo.

AGRADECIMIENTOS

A todas mis amigas, las de toda la vida y las que solo llevan un rato. Gracias por ilusionaros más que yo misma con este proyecto y mostrar siempre un interés sincero.

Sin duda agradecer a todo el equipo de Penguin Random House, especialmente al grupo de profesionales de Roca Editorial, mención especial a mi editora Sara Esturillo por su profesionalidad a la vez que cercanía y humanidad. Gracias por tus llamadas y palabras llenas de aliento y validación.

A mi agencia de representación literaria Sandra Bruna, gracias por su apoyo incondicional y por creer en mí desde el principio. Me siento afortunada de contar con un equipo tan comprometido. En especial a Sandra, por darme siempre su opinión sincera. A Nacho Mühlenberg por ser soporte, por enseñarme tanto sobre influencia y relaciones e impulsar mi mentalidad a otro nivel, y a Ferran Cases por su gran generosidad y confianza.

A cada uno de mis pacientes, por enseñarme tanto y por permitirme acompañaros en vuestros caminos. Gracias por vuestra confianza y valentía. Sin vosotros, este libro no tendría el mismo sentido.

Y, antes de terminar, mis dos mayores gracias:

Gracias a mis hijos, Aritz y Amaia, por ser la luz de mi vida. Por regalarme siempre vuestro amor incondicional y por recordarme que la felicidad no es tan compleja, el secreto siempre está en las pequeñas cosas. Deseo ser vuestro aliento para cumplir vuestros sueños y a la vez el nido donde reposar cuando vuestras alas se cansen.

Y ahora sí, gracias de todo corazón a mi amiga Alba. A ti te dedico este libro. Te echo de menos cada día desde que te fuiste y sé que hubieras celebrado conmigo el nacimiento de este libro y te hubieras sentado la primera en mi presentación. Nunca hubiera imaginado no tenerte algún día. El amor nunca muere y siempre serás importante en mi vida.

Quiero saber más

Si al leer este libro te has sentido identificada con alguna de las situaciones que hemos explorado y sientes que es momento de profundizar en estos temas, te invito a que nos pongamos en contacto. La autoexigencia, el perfeccionismo y el bienestar emocional son cuestiones que pueden trabajarse en terapia, para encontrar un equilibrio que te permita vivir con más calma y autenticidad.

Si te apetece continuar este camino de autoconocimiento y no quieres hacerlo sola, yo puedo darte la mano.

Visita mi web:
https://juliamartipsicologia.com

Envíame un e-mail:
info@juliamartipsicologa.com

Sígueme en redes sociales:
@juliamarti.psicologia

«Para viajar lejos no hay mejor nave que un libro».
Emily Dickinson

Gracias por tu lectura de este libro.

En **penguinlibros.club** encontrarás las mejores recomendaciones de lectura.

Únete a nuestra comunidad y viaja con nosotros.

penguinlibros.club